中外巨人传

汉 武 帝

孙长来 著

辽海出版社

图书在版编目（CIP）数据

汉武帝 / 孙长来 著. —沈阳：辽海出版社，2011.12
（中外巨人传）
ISBN 978-7-5451-1204-7

Ⅰ．①汉…　Ⅱ．①孙…　Ⅲ．①汉武帝（前156～前87）—传记　Ⅳ．①K827=341

中国版本图书馆 CIP 数据核字（2011）第 223884 号

责任编辑：柳海松
责任校对：顾　季
装帧设计：马寄萍

出 版 者：辽海出版社
　　地　　址：沈阳市和平区十一纬路25号
　　邮　　编：110003
　　电　　话：024-23284473
　　E-mail:dyh550912@163.com
印 刷 者：天津海德伟业印务有限公司
发 行 者：辽海出版社

幅面尺寸：165mm×230mm
印　　张：12.5
字　　数：137千字

出版时间：2012年5月第1版
印刷时间：2019年1月第4次印刷
定　　价：29.80元

版权所有　翻印必究

目 录

001 前 言

001 一、初露锋芒
001 1. 名君降生与立为皇太子
006 2. 锋芒初露
009 3. 微行游猎
014 4. 登上皇帝宝座
015 5. 出场的舞台
017 6. 景帝的遗产

022 二、独尊儒术
022 1. 叔孙通制朝仪

025　2. 立太学尊儒士
028　3. 注重法治
032　4. 举贤良方正
034　5. 公孙弘走上政坛
036　6. 儒术独尊

041　三、加强中央集权
041　1. 分化削弱诸侯
046　2. 裁抑丞相权力
050　3. 察举制度
052　4. "十三部刺史"和"六条问事"
055　5. 加强中央军力

056　四、加强中央财政
057　1. 盐铁专卖
059　2. 杨可告缗
063　3. 均输平准
065　4. 统一铸钱

073　五、重视发展农业

汉 武 帝

073　1. 瓠子之歌

078　2. 赵过"代田"

083　**六、稽古礼文**

083　1. 文治焕然

085　2. 汉赋的成就

087　3. 乐府诗与音乐家李延年

089　4. 司马迁与《史记》

091　5. 落下闳与《太初历》

093　6. 封禅泰山

095　**七、抗击匈奴**

095　1. 马邑之谋

099　2. 马踏匈奴

104　3. 封狼居胥山

107　4. 苏武节操

110　**八、打通西域道路**

110　1. 张骞一通西域

114　2. 张骞再次出使西域

117　3. "汗血马"之征

129　**九、开拓疆域**
129　1. 发兵闽越
131　2. 南越归服
133　3. 虎视西南夷
137　4. 用兵朝鲜

138　**十、迷信方士**
139　1. 文成将军出场
140　2. 游水发根登台
140　3. 栾大亮相
141　4. 公孙卿骗君王
142　5. 如梦方醒

144　**十一、酷吏政治**
144　1. 农民造反
145　2. 宁成与周阳由
148　3. 任用酷吏张汤
154　4. 任用酷吏杜周

155 5. 任用酷吏王温舒

160 十二、巫蛊遭祸

160 1. "卫太子"出现

162 2. 绣衣使者江充

170 3. 公孙贺案

173 4. 巫蛊之祸

178 十三、下诏自谴

179 1. "盛世"危机

181 2. "罢轮台屯田诏"

183 3. 归来望思托后事

前 言

　　汉武帝是中国古代声名最为显赫的封建帝王之一，他在位五十四年，占整个西汉王朝四分之一的时间，就执政年代的长久来说，在中国古代的皇帝中，仅次于清代的康熙帝和乾隆帝。这五十四年，中国封建社会无论在经济基础、政治制度，还是在思想文化方面，都有相当程度的发展。中国封建社会的地主土地所有制，获得了巩固和发展。封建专制主义中央集权制的各项制度，在汉承秦制的基础上，得到巩固与发展，趋于系统和完整。封建主义的思想文化，以董仲舒改造了的儒家思想为核心，形成一整套统治思想体系。汉武帝时期在政治、经济和思想文化上的诸多变化，标志着中国封建制度的基本成熟和定型，从而使汉武帝统治时期，成为中国封建社会的重要历史时期之一。同时在这一时期，无论是对内还是对外，都出现了许多前所未有的新内容和新变革，西汉王朝也因此形成了前所未有的盛世。

　　汉武帝就是这个光辉灿烂时期的总代表。他的雄才大略，使他在领导汉帝国的人民和官吏创造伟大的历史功绩方面，起了重要的组织作用。他凭借文景之治所积累起来的巨大物质财富，运用当时劳动人民辛勤劳动所创造的成果，抗匈奴，拓疆土，奠定

了祖国广阔疆域的基础。他的对内大兴土木，固然有许多是为了奢侈享受，但在水利建设等方面也有许多建树，促进了农业生产的发展。他雄心勃勃，打通了中原地区和西域广大地区的联系，传播了先进的汉文化，促进了中西文明的共同发展，推动了世界文明的进步。

在中国文化发展史上，汉武帝时期也是光辉灿烂，群星荟萃。如大经学家、大政论家董仲舒，大史学家司马迁，大文学家司马相如，大军事家卫青、霍去病，大天文学家唐都、落下闳，大农学家赵过，大探险家张骞，大音乐家李延年等人。这些"明星"集中出现在这一时期，绝不是偶然的，有其历史的必然性。它是中国封建社会前期政治、经济、文化发展的必然结果。

"惜秦皇汉武，略输文采。"汉武帝是同秦始皇齐名的中国封建社会的杰出帝王。其主要历史功勋，是他在客观上顺应了历史发展的趋势，完成了时代赋予他的许多重大历史使命。他在完成这些历史使命时，并不是自觉的，而是"时势使然"的。武帝所处的时代条件，要比秦始皇有利。武帝要做的许多事，有些正是秦始皇要做的。但是，从某种意义（个人意义）上说，一个成功了，一个失败了。原因就在于汉武帝时代已有了成熟的时代条件，而秦始皇时代却没有。残酷的政治压迫和超经济剥削，使农民无法忍受，只有"揭竿而起"，起义的烈火焚毁了短命的秦王朝。武帝则不同，汉初统治者吸取了秦朝灭亡中的历史教训，实行"休养生息"的政策，依靠几代人民的辛勤劳动，创造了巨大的物质财富，为汉武帝开拓疆土、内事兴作奠定了坚实的物质基础。

金无足赤，人无完人。汉武帝也是如此。汉武帝既是一个雄才大略的专制帝王，又是一个诞信鬼神、方士的凡夫俗子。这种

两重性，既造就了他在中国历史上的伟大功绩，也表现了他的荒唐不稽。当然，他所取得的伟大历史成就，是农民付出了"海内虚耗，人口减半"的巨大代价换来的。另一方面，他迷信方士，重用酷吏，残酷杀戮，最后又大开杀戒，干了许多大错事、大蠢事，在无限的惆怅和悔恨中撒手人寰。

一、初露锋芒

要想全面地了解汉武帝,就必须从他的降生开始,而后逐步探寻他被立为皇太子、学文习武、登上皇帝宝座这一系列过程。雄才大略的汉武帝,即位之初就表现出非凡的才能和胆识,决心干出一番大事业。

1. 名君降生与立为皇太子

汉景帝前元元年(前156)七月初七凌晨,风和日丽,天高云淡,长安城的上空,万里无云,天边罗霓绮虹,使人有一种祥瑞降临的感觉。

汉景帝和往日一样,被宫女服侍穿戴以后,坐在御桌前用餐。可是,与往日有点不同的是,他从早上醒来,一直在思索着昨夜的梦:他梦见一头红色的猪从天而降。这头猪,身上裹着祥云,从太虚落入宫中,紧接着,高祖刘邦飘然而至,说:"王夫人生子,应起名叫彘(zhi)。"景帝醒来,才发现是梦。可又非常奇怪:王夫人已近临产,难道这位妃子要为他生一皇子不成?

大约到午夜,在汉景帝刘启的妃子王夫人居住的猗兰殿里,宫女们穿梭往来,不停地忙碌着。内室传来王夫人痛苦的喊叫声,

不久传来了婴儿出世的第一声啼哭。消息立即奏报到汉帝国的主宰——汉景帝那里。闻听佳节（这一天正是中国传统佳节"七夕节"）生子，景帝非常高兴，驾辇早已备好，景帝乘驾，立刻前往猗兰殿。

这时，新生儿被裹在襁褓里，不住地啼哭。景帝走上前去，笑眯眯地望着自己的儿子。儿子在宫灯下望着父亲的脸，睁大了圆圆的眼睛，马上止住了哭声。王夫人欠身塌上，温和地对景帝说："请皇上给皇儿赐个名吧。"说完，王夫人就闭上了疲惫的眼睛躺下了。景帝捋着胡须，又想起他的梦来。

民间有种通俗说法：孩子出世，起个低贱的名字，能使将来富贵。他想给儿子起名"彘"，同时也希望小孩能像小猪一样健壮善养，加之皇儿本来就结实健壮，他于是给小孩起名叫"彘"。后来想想皇家子叫彘（猪）不像话，又改名为彻，含有聪明透彻的意思。

刘彻的生母王夫人，是槐里（今陕西兴平县东南）人王仲的女儿。王夫人的母亲臧儿，本是项羽所封燕王臧荼（tu 涂）的孙女。由于家境败落，臧儿嫁给同里王仲，生了一个儿子和王夫人姐妹俩。儿子名信，长女名娡，次女名儿姁。没过多久，王仲病死，臧儿生活无靠，改嫁给长陵邑（汉高祖刘邦的陵墓，在陕西咸阳东）田氏为妻，又生二子，这就是田蚡（fen，后为丞相)和田胜。臧儿长女嫁给金王孙为妻，后因臧儿与金氏有怨，金氏遂将臧儿长女送入太子宫，做了当时还是太子的刘启的妃子。

王娡入宫后，刘启很宠爱她，她接二连三的为刘启生了三女一男，男孩就是刘彻。

有人可能会疑惑，像王娡这样的已婚女子，怎么能会入宫呢？

汉 武 帝

其实，汉代的风俗，和后代有所不同。

在当时的社会，寡妇再嫁，是自然合理的事。汉景帝的祖母薄太后，本来是魏王豹的女人，后来被刘邦偶然看中，收入自己的后宫。史书记载的社会上层妇女比较著名的实例，还有平阳公主初嫁曹时，再嫁卫青；王媪先嫁王更德，又嫁王乃始；汉元帝冯昭仪母先与冯昭仪父结合，后来又嫁了郑翁；汉桓帝邓后母初嫁邓香，又嫁给梁纪等。

东汉初年，汉光武帝刘秀的姐姐湖阳公主新寡，刘秀和她一起评论群臣，有心微查她的意向。公主表示对大司空宋弘德才与仪表的爱慕。刘秀愿意谋求撮合。刘秀后来专意接见宋弘，让湖阳公主坐在屏风后面。刘秀对宋弘说："人都说尊贵了就会换朋友，富有了就会换妻子，这也是人之常情吧？"宋弘则表示："在贫贱时结交的朋友，不能因为自己的地位变了而忘记，同自己一起吃糠咽菜过苦日子的妻子，不能因为自己富贵了就抛弃！"刘秀一听，感到宋弘的话讲得十分有理。刘秀知道宋弘已经有了妻子，既然糟糠之妻不下堂，那么，宋弘是不会忘本抛弃妻子而另攀高门的，于是，作为皇帝的刘秀，便不在宋弘面前提起给自己姐姐说媒的事了。虽然宋弘拒绝了刘秀的暗示，但是湖阳公主敢于主动追求有妇之夫的行为给人们留下了深刻印象，可以看做是反映当时社会风尚的重要信息。

看来，已婚并且生有子女的王娡能够入宫，并不违背当时的社会风俗的。

帝王子弟生来就是所谓的"龙种"，享有种种特权。刘彻还是个三岁娃娃时（前元四年，前153），就被封为胶东王。按理，刘彻非嫡非长，是当不了太子的。他能由太子而登帝位，与他的姑

母、馆陶长公主刘嫖有关。

汉景帝为太子的时候，老祖母薄太后为他选定了一位薄氏女子为妃。景帝即位后，薄妃成为薄皇后。薄皇后不受宠爱，又没有生育。所以她的皇后的位子一开始就不稳固，只是靠了薄太后才勉强维持着。景帝前元二年（前155），薄太后去世。四年后，薄皇后被废。那么谁将成为景帝的第二任皇后？

栗姬最有希望。她正得景帝之宠，尤其重要的是，她的儿子刘荣已经被立为皇太子，母以子贵，乃古之通例。景帝也有立她的想法。栗姬自以为非她莫属，万分高兴。但是，皇室的家庭矛盾是十分复杂的，受宠、失宠，立太子、废太子，成为宫闱斗争的重要表现形式。刘彻的姑母刘嫖，和景帝同出于文帝的皇后窦氏，被封为长公主。她嫁给陈午后，生有爱女阿娇。刘嫖自恃和景帝的至亲关系，一心想把女儿嫁给刘彻，非常希望立刘彻为太子。因此，她常在景帝面前讲栗姬的坏话。

栗姬心中有数，对景帝也因此不大尊敬，终于触犯了景帝。有一次，汉景帝在身体欠安、情绪不好的时候，曾经托付栗姬照料宫中诸姬所生的皇子，嘱咐到：等我百岁之后，你一定要善待他们。没想到心地狭隘的栗姬竟然不肯答应，不仅拒绝这样的托付，而且出言不逊。汉景帝深为不满，但是并没有马上公开发作。

馆陶长公主经常向汉景帝夸赞王夫人所生儿子刘彘形貌品性的美好，汉景帝自己也很喜欢这个儿子。他记得王夫人怀刘彘的时候，曾经梦见日入其怀的吉兆。不过他还未下废立太子的决心。

这时，王夫人察知汉景帝内心对栗姬有所不满，于是暗中策动大臣提议立栗姬为皇后。主管诸侯事务和礼仪典式的行政长官大行奏事，奏文引用了《春秋公羊传》里的话，说：经文里面讲

了，"子以母贵，母以子贵"。今太子母应当使用"皇后"的名号。汉景帝大怒，严厉斥责道：这难道是你所应当插嘴的吗！于是竟然将大行处死，又于前元七年（前150）废太子刘荣为临江王。

栗姬不仅自己没有得到皇后的名号，儿子的太子地位也丢了。栗姬愈为怨怒，她再也没有能够见到汉景帝，终于悲愤自杀。

汉景帝于是立王夫人为皇后，王夫人所生的六岁的儿子刘彻被立为太子。又封皇后兄王信为盖侯。就在封盖侯这件事上，汉景帝曾经与丞相周亚夫发生争执。周亚夫执意坚持刘邦当年的约定：不是姓刘的不能称王，没有功劳不能成为侯。如果不遵守这一约定，天下的人都起来攻击他。汉景帝却因此嫌恨周亚夫。周亚夫后来被免职。直到周亚夫去世之后，王信封侯终于成了事实。

刘彻被立为太子，刘嫖也就达到了她女儿阿娇日后可能被册封为皇后的目的。有一次，刘嫖问刘彻："把阿娇嫁给你做妻子怎样？"刘彻很调皮地回答："我要造座金屋把她藏起来！""金屋藏娇"的成语，就出典于此。

景帝后元三年（前141），景帝死去，刘彻即皇帝位，是为武帝。立陈妃为皇后。陈皇后自恃其母有恩于武帝，骄横擅宠，引起武帝的反感，原本就不喜欢陈皇后的武帝越来越疏远、冷落她，另寻新欢。

一天，武帝去灞水岸边祭神，在回京的路上，正好途经姐姐平阳公主家。在平阳公主家里，他见到了一个有倾城之貌的歌伎，此人姓卫名子夫，武帝为之倾倒。皇姐见状，就把卫子夫送给了武帝。武帝非常宠爱卫子夫，陈皇后妒火中烧，几次对卫子夫暗

下毒手，意欲置她于死地，但都没有能得手。卫子夫和嫔妃觉察到皇后的阴谋，奏告了武帝。武帝非常愤怒，但想起馆陶长公主的恩德，他只好把怒火压下去，没有处置陈皇后，只是再也不到她那里去了。

陈皇后暗害卫子夫不成，又惹得武帝更加厌弃。她无计可施了，闷闷不乐。这时，她听说有一种叫做"巫蛊"的巫术能咒死人，决定铤而走险。于是她让手下的宫女楚服等用"巫蛊"诅咒卫子夫和那些得宠的嫔妃。可事与愿违，不但目的没有达到，阴谋却又泄露了。武帝闻讯，遂命人查办陈皇后诅咒一事，楚服等宫女以"大逆不道"的罪名枭首示众，被牵扯进此案而被杀的，达三百余人。武帝遣人赐给陈皇后一道诏书：皇后违失妇德，巫术咒人，不可再为天下母。命皇后交出玺绶，退居长门宫。陈皇后偷鸡不成，反蚀一把米，数年后，废后陈氏病亡，葬在她祖父汉文帝的灞陵附近。

2. 锋芒初露

刘彻从前元七年（前150）立为太子，到景帝后元三年（前141）正月继承皇位，其间整整做了10年太子。

刘彻立为太子后，深得景帝的宠爱。景帝一次宴请周亚夫，因为席上没有筷子，周亚夫心中不悦，面现怨色，叫尚席取箸。刘彻当时也在席上，一直坐在那里看着周亚夫。周亚夫被看得实在受不住了，十分扫兴地离席而去。景帝奇怪地问刘彻，"你为什么要目不转睛地盯着他？"刘彻答："这人可畏，必能作虐。"景帝笑着说："他如此罢快不服，是不可以作少主的臣。"后来，周亚夫因为儿子违法而受牵连，景帝先命小吏质讯，周亚

夫否认。景帝就骂他。然后改命廷尉拘审，周亚夫不甘受辱，在狱中绝食五日，吐血而死。这样景帝为刘彻除去了强悍难驭的功臣。

刘彻十四岁这年，廷尉呈请景帝审批一件凶杀案，杀人犯名叫防年，防年把自己的继母残忍地杀害了，继母杀防年的生父，于是防年就杀了继母。廷尉以杀母律论处，判防年大逆罪。景帝怀疑这判决不准确，试问刘彻。刘彻分析说："通常说继母如同生母，这说明继母与生母有不同之处，只是由于父亲娶她为妻，地位才像生母罢了。现在防年的继母既然杀了防年的生父，他与继母也就情断义绝，已经没有了母子关系。应当按一般的杀人罪判，不应判大逆罪。"武帝采用了刘彻意见，按一般杀人罪改判防年弃市。大臣们都称赞说判得准确。从此，景帝愈加器重刘彻了。

皇太子是皇帝的继承人，他德才的优劣直接关系到国家今后的治乱兴衰、人民的生死存亡。所以自汉初以来，几代皇帝都非常注重对皇太子的教育培养。文帝时，梁王太傅贾谊上疏陈政事，把教育、培养太子作为固国安民的根本大计提出来。指出夏、商、周三代之所以长久，秦之所以成为短命王朝，都和王位继承人的培养得失有很大关系。他说："天下之命，悬于太子，太子之善，在于早谕教与选左右。"也就是对太子要进行早期教育，要选择贤良端正的人做教师。只要教育得法，加之教师品行端正，则太子也能品行端正，太子正则天下安定。文帝深纳其言，所以着重地选择晁错为太子家令。景帝也同样非常重视对皇太子的早期教育。

汉初以来，道家的黄老思想占统治地位。因此，几代君主都大力提倡黄老之学。尤其是景帝之母窦太后，特别喜好黄帝、老子之言，命皇帝家的子弟和窦家的子弟都必须学习黄帝和老子之

学。皇太子刘彻，当然更不能有所例外，自从幼年就受到黄老思想的影响和熏陶。

同时，景帝又为皇太子刘彻选了儒学家卫绾、王臧做太子太傅、太子少傅。刘彻被立为太子，奠定了他未来帝王的地位。因此，他自幼便接受严格而正规的皇家教育。汉景帝对他的教育十分重视，命令年迈的曾任宰相的卫绾（wan 碗）做刘彻的老师，拜为太子太傅。卫绾是一个儒生，自然着重用儒家经典来教导刘彻。著名儒生申公的学生王臧精通《诗》经，也教授过刘彻。刘彻聪颖好学，对当时流传下来的儒家经书多能领悟，从小便深受儒家思想影响。但在汉初重视法治思想的情况下，他也学习法律。景帝本人在理政之余，也常常对刘彻进行教诲。他是"文景之治"的重要君王，治理国家很有一套办法，常用历史和现实对太子进行教育，指望刘彻能承继自己，治理好汉家天下。景帝曾在一道诏书中说"人不怕没有知识，就怕他奸诈；不怕不勇敢，就怕他暴虐；不怕不富足，就怕他贪得无厌。"他一再用这个思想训诲刘彻，希望他将来不要成为一个暴虐的君主。

敏慧早熟的皇太子，被博大精深、与政治紧密结合的儒家思想深深地吸引住了。和黄老之道主张清静无为、因循守成不同，儒家学说倡导君子奋进不息、进取有为；主张尊君、隆礼、行仁、重民、大一统，以厚德怀服四夷。刘彻是个血气方刚、雄心勃勃非常有抱负的少年，他觉得儒家学说更加适合自己的性格和志趣，联想到吴楚之乱和匈奴的不断侵犯，他觉得儒家的主张更加适合国家的需要。儒家思想的教育，给这位在黄老思想笼罩下成长的太子灌输了新鲜血液，塑造了受益终身的政治观，为他以后五十余年奋发有为的政治生涯奠定了深厚的思想基础。

刘彻是一个多才多艺的皇太子，不单学黄老、习儒术，而且还爱好音乐、文学和射猎，兴趣极其广泛。特别是对辞赋有着极其浓厚的兴趣，经常吟诵枚乘、贾谊等人的作品，陶冶情操，开阔襟怀。与此同时，也从中吸取他所需要的政治营养。皇宫是文化的集中地。丰富的皇家藏书和良好的文学气氛，使刘彻自幼便对文学艺术产生浓厚的兴趣。他喜欢读儒家经书，也喜欢吟诵辞赋。辞赋是汉代最发达、最流行的一种文学体裁。它上承楚国大诗人屈原的《离骚》，是一种半文半诗的混合文体。它描写宫苑的富丽，都城的繁华和统治者奢侈的生活，有文采光华、结构宏伟和语汇丰富的特色。生在帝王华贵之家、不知民间疾苦的刘彻，自然也十分喜爱这种文体。他常常写些习作，增进了自己的文学修养。这使他以后能写出《悼李夫人赋》《秋风辞》《瓠（hu）子歌》等有一定文学水平的作品。

在处理周亚夫这件事中，皇太子刘彻从他父亲那里又学会了法家所倡导的尊君御臣的统治术。皇帝是至高无上、神圣不可侵犯的。对于大臣，不管地位如何高，功劳如何大，只要他敢于对皇帝有丝毫的不亲不顾，就一定得除掉他，抑或是捏造罪名也在所不惜。生杀赏罚是皇帝驾驭臣子的手段，恩、威并施，役使群臣如犬马耳！刘彻把儒家之学、黄老之道、法家之说杂糅在一起，兼收并蓄，博取众家之长，不断地增长未来治国理民的才能。不过，在太皇太后窦太后和王太后行使政治权威的日子里，少年汉武帝没有可能施展自己的政治抱负。

3. 微行游猎

刘彻书读得不少，颇有些文人气质，但他绝不是一个柔弱文

静的书生。他自幼体质就很好，丰富的营养条件和皇家宫苑的优良环境，特别是他对狩猎活动的热爱，使他从小造就了一种刚健雄武的性格和气质。汉朝王公大臣们都喜欢狩猎。刘彻从少年时代起，便喜欢在皇家宫苑里逐兔射鹰，奔腾嬉戏，常常累得那些宦官、宫女东觅西找，生怕皇太子发生意外。稚气未脱的刘彻，则在狩猎活动中兴奋得无法安静下来。他一辈子都没有摆脱这种"自击熊豕，驰逐野兽"的爱好。

汉武帝18岁这年，开始了"微行"的游戏。

我们在秦始皇的事迹中，可以看到有关"微行"的情节。卢生对秦始皇说：臣等寻求芝奇药仙者，辛苦多日，仍然无法得到，一定有什么原因有所妨害。据说君主应当经常"微行"，以有意避开恶鬼，恶鬼避开了，真人才能来到。现今陛下治理天下，行为过于张扬，应当低调一些。希望陛下所居住的宫室不要让别人知道。只有这样，才可能得到不死之药呢。秦始皇于是下令：咸阳旁边200里之内的270座宫观，统统用凌空通行的复道和两旁筑有墙壁的甬道连通起来。每座宫观里面，都分别设置帷帐、钟鼓等服务设施和美人、侍从等服务人员，不再随皇帝改变住处而反复移动。皇帝行幸所到之处，有私自泄露于他人的，一律处以死刑。秦始皇后来果然有"微行"的尝试。秦始皇三十一年（前216），他在咸阳附近的一次"微行"，却遭遇了意外。我们在《史记·秦始皇本纪》里看到了这样的记载："三十一年，……始皇为微行咸阳，与武士四人俱，夜出逢盗兰池，见窘，武士击杀盗，关中大索二十日。"说秦始皇在咸阳附近地方"微行"随行有四名武士。他们夜间在兰池宫附近意外地遇到强盗拦截袭击，当时情景十分危急。后来武士终于击杀强盗，使秦始皇脱险。事后秦始

汉 武 帝

皇命令在关中戒严整整20天，严密搜索追捕相关的危险分子。

那么，到底什么是"微行"呢？

按照唐代学者解释《史记·秦始皇本纪》中秦始皇兰池遇盗经历"微行"两个字的含义时，所引用的三国时魏国学者张晏的话，就是"若卑微之所为，故曰'微行'也。"就是说，尊贵的人仿照卑微的人的出行方式，这种行为，就叫做"微行"。《汉书·成帝纪》的注解中又引用了张晏这样的说法"于后门出，从期门郎及私奴客十余人。白衣组帻，单骑出入市里，不复警跸，若微贱之所为，故曰'微行'。"说尊贵者故意从后门出宫，只带领少数随从，穿平民的服装，没有富丽华贵的车骑队列随从，又不采取清道戒严的形式，这种和身份微贱的人相同的出行方式，就叫做"微行"。

通常称帝王或有权势的人隐匿身份，易服出行或私访为"微行"。然而汉武帝的"微行"却不仅仅是一般的出行。他的行迹北到池阳县，西至黄山宫，南猎长杨宫，东游宜春观。他经常在夜间出发，自称平阳侯，黎明的时候已经到达南山之麓，射杀野生的鹿、豕、狐、兔，往来随意纵驰，践踏百姓的农田，惹得民众愤恨，呼喊叫骂。鄠县和杜县的地方行政长官要拘捕他们，随从出示了皇家的用物，方才得以宽免。

汉武帝曾经夜行柏谷，投宿到一户民家。问主人：有什么喝的吗？主人回答：这儿没什么喝的，只有尿！

主人疑心他们是一伙盗贼，召集邻近少年准备以武力攻杀。女主人看到汉武帝相貌不一般，劝阻丈夫说：看这客人，不是平常人。而且他们是有防备的，不要轻举妄动。丈夫不听，她只得用酒灌醉了丈夫，把他捆绑起来，解散了约集的少年，又杀鸡做

饭招待汉武帝一行。

第二天，汉武帝回宫后，召见女主人，赐金千斤，并拜她的丈夫作羽林郎。汉武帝为了游猎方便，在适当的地方设置了12处休息更衣之处。他有时还投宿长杨宫、五柞宫。长杨宫址，在今天陕西周至境内。汉武帝因为道远劳苦，又有农田，往来妨害农事，致使民间怨愤，让大臣筹划将秦阿房宫遗址以南、盩厔以东、宜春以西的大片良田归入上林苑，成为皇家园林的一部分，向南直抵南山。这样一来，鄠、杜两个县原有的农耕积累都将被扫荡一空，居民只能搬到邻近的各县重新开垦荒地。

东方朔进谏说：这一地方，是"天下陆海之地"，当年秦国所以能够称霸天下，兼并六国，就是以这样的地方作为基本根据地的。这里的良田，号称"土膏"，每亩的地价高达一金。如果规划入皇家禁苑，国家得不到农业税收，农民也失去了养家的基本。为了扩大园林，毁坏老百姓的墓地和住宅，使得万民悲痛，实在是很不合适的。而在这样辽阔的土地上骑着快马，驾着飞车，纵横往来，一旦发生意外，后果也难以设想。东方朔列举历史上殷纣王、楚灵王、秦二世等昏暴的帝王，曾经为了自己的享乐不顾百姓的危难，致使国家颠覆的教训，警告汉武帝。汉武帝并没有因为东方朔提出反对意见而震怒。他提升了东方朔的官职，赏赐他黄金百斤。但是却并不采纳他的意见，依旧按照原计划扩大了上林苑的规模。

唐代诗人钱起有《汉武出猎》诗，说到了汉武帝微行游猎的故事：

　　　　汉家无事乐时邕，羽猎年年出九重。

汉　武　帝

玉帛不朝金阙路，旌旗长绕彩霞峰。
且贪原兽轻黄屋，宁畏渔人犯白龙。
薄暮方归长乐观，垂杨几处绿烟浓。

"渔人犯白龙"，是说尊贵者处在卑微状况则不免危险的情形。《说苑·正谏》说，吴王要同平民一同饮酒，伍子胥劝谏说，这是不可以的。过去白龙下清冷之渊，化为鱼。渔者豫且射中了它的眼睛。白龙上诉天帝。天帝问道："当时你是怎样的情形呢？白龙回答：我下清冷之渊，化为鱼。天帝说：鱼，固人之所射也。如果是这样，豫且又有什么罪过呢？"黄屋"，是指帝王居处的宫室，在这里有可能也暗含陈皇后阿娇故事中"金屋"的意思。

汉武帝行猎，真的如同后来有些人批评的，只具有游乐的性质吗？

也许他在政治形势尚不适宜施展个人主张的情况下，采取了这样一种韬晦的策略；也许他想通过这种富有挑战性和刺激性的运动，释放自己充溢于胸的豪壮之情；也许他是要借取这样的类似军事演习的游戏，体验即将来临的战争生活。

汉武帝喜好亲手击杀熊和野猪，驰逐野兽。司马相如曾经上疏劝阻说，今陛下喜欢亲临险阻，射杀猛兽，如果一旦遭遇意外，纵然勇力超群，也难以施展。在这样的情况下，"枯木朽株，尽为难矣"。野地里一棵枯朽的树木，都可以导致意外的发生。汉武帝对司马相如提的意见表示赞同，但是，我们不知道他是不是真的终止了游猎的爱好。不管怎么说，驰射的锻炼是一种富有刺激性诱惑的苦行经历，这种实践对于正处于青春期的汉武帝的意志磨炼、精神锤炼和性格养成，一定起到了重要的作用。

4. 登上皇帝宝座

十年的太子生活，在宫廷和禁苑的读书声和马蹄声中匆匆过去，刘彻已成长为一个英俊潇洒的少年。景帝后元三年（前141）正月十七日，景帝为自己年已16岁的皇太子举行非常隆重的冠礼。冠礼是古代为男子成年举行的一种礼仪。一般是二十而冠，天子和诸侯则是十二而冠，刘彻16岁行冠礼，正当汉景帝重病之时。高祖庙内钟磬协奏，香烟缭绕，气氛异常庄严肃穆。典礼由景帝亲自主持。皇族、国戚、公卿大臣恭列两侧。皇太子先行祼享之礼（即将酒扬洒于地），之后站在阼阶之上，宾给加冠三次，叫做"三加"。三加后，经过来宾敬酒，皇太子去母亲王皇后那里拜见。之后，由宾替皇太子取字。皇太子以前已由父皇起名为"彻"，彻者通也，所以以"通"为字。接着皇太子礼拜父皇、见兄弟姑姊等众亲族和公卿大臣诸宾。礼成。

举行了冠礼之后，标志着刘彻从此已经长大成人。从此往后便有了治人之权、执兵之权、祭祀之权。举行了冠礼之后，就可以结婚生子，担负起传宗接代的责任。举行冠礼，乃是人生一个最重要的里程碑，这对皇家的太子来说，当然就显得更为重要。为此，景帝下诏，普天同庆，万民同乐，给每家为父亲继承人的人赐爵一级。

行冠礼后不久，这年正月的一天，汉景帝崩于未央宫。景帝从32岁即皇帝位，到48岁驾崩，在位16年。他在汉初的"文景之治"中做出了重要贡献。景帝的灵柩（chen）被埋葬在长安东北四十五里的阳陵。

刘彻在丧父的悲痛中，坐上了皇帝的宝座，这就是日后的汉

武帝。在宏丽、宽敞的未央宫正殿，登极大典正在隆重地进行。刘彻在皇位上席地而坐，在"万岁"声中接受了文武百官的祝贺。这时他才15岁（虚岁16）。这位少年皇帝接受了统治汉家天下的重任。父亲景帝的早逝，使这个从小在优裕的生活环境中无忧无虑地成长起来的少年皇帝，在很短的时间内变得成熟起来。他已经很懂事了，但还不很清楚该如何挑起这副统治天下的重担。虽说有母后和大臣的辅弼（bì 壁），可是一切大政方针，还得经皇帝的"金口"和诏书，才能最后决定。这位少年皇帝要开始考虑国家的一切，要想到巩固政权，想到抗御北方的匈奴……他的经验不足，但有旺盛的精力，有勇往直前的进取精神。

5. 出场的舞台

电视剧《汉武大帝》中的一种重要的道具，是地图。汉武帝运筹帷幄，作出战略的决策，指挥战争的攻守，经常都有站在地图前面思考和策划的画面。地图，在当时叫做"舆地图"。

当时的人们站在地图前面，可以了解天下形势。电视剧《汉武大帝》中的地图，有些地名标示是不很准确的。甚至出现了"广州"地名。而当时并没有"广州"地方行政区划设置。其实，汉代人们的测绘能力，已经达到相当高的水准。长沙马王堆汉墓出土帛书地图两种，年代都在汉武帝时代以前。地图的精确程度，已经表现出只有十几户居民的聚居点"里"。

刘彻当时面对的全国的"舆地图"，展示着一种怎样的形势呢？

在汉景帝统治的晚期，汉王朝管理的地方，大致没有超出秦帝国的疆域，东至海滨，北抵长城，西边据有今天宁夏、陇东、

成都平原，南边的影响到达今天的广东。总面积大约只有310多万平方公里。不过，由于闽越国、南越国的存在，以及25个诸侯国具有合法的独立性和一定的政治经济实力，晚年汉景帝能够直接控制的地方，只有相当于现今陕西、甘肃东部、四川东部、重庆、河南大部、湖北大部、山西大部、湖南西部、河北北部、辽宁中部和西部、浙江大部以及江苏的一部分、安徽的一部分和山东的一部分。这片土地的面积，大约只有204万平方公里。也就是说，当时汉景帝能够实际控制的地区，大致只有今天中华人民共和国国土的五分之一稍多一些。

这就是等待汉武帝出场的舞台。

当时，在汉王朝管辖地区生活的人口有多少呢？

根据梁启超《中国史上人口之统计》估计，不包括南越国和东越国，汉初人口不过600万左右。这一数字，看来是不大准确的。根据许多人口史学者的分析，包括各诸侯国的人口在内，西汉王朝初年的总人口大致在1800万左右。如果按照许多学者赞同的这一时期人口年均增长率为千分之八左右的数据估算，则汉武帝即位前后，人口总数应当在3045万以上。如果按照有的学者估计的人口年均增长率为千分之十左右计算，那么，当时的人口可以达到3741万。有的学者推算，在汉武帝即位6年之后的元光元年（前134），全国人口大约为3700万。

我们对汉武帝时代的历史文化进行分析，不能离开人口数字这一基本国情。当时的国土资源，还没有承受过度的人口压力。农耕业的发展，还有相当宽广的空间。

汉武帝面对的中国，还有和今天的中国大不相同的地方。这就是生态环境。

当时的黄河流域，因为农耕开发有限，原始森林的破坏还并不十分严重。植被条件比现今远为优越。当时的水资源条件也比较好。以关中地区为例，长安附近就有密集的湖泽。当时的气候，比现今要温暖湿润一些。年平均气温大概要比现在高 2℃ 左右。生态环境的变迁，可以对经济生活产生重要的影响。在汉武帝时代，稻米曾经是黄河流域的主要农产。东方朔说到关中地方的富足，"物产又有粳稻、梨栗、桑麻、竹箭之饶"。稻米生产列为经济收益第一宗。西汉总结关中地区农耕经验的《氾胜之书》曾经详尽记述了稻作技术。董仲舒上书建议在关中推广冬小麦。《汉书·武帝纪》记载，元狩三年（前120）确实曾经派遣官员到遭遇水灾的地区落实冬小麦的种植面积。以行政力量大规模推广冬小麦种植，很可能与气候寒温的变化有关。当时长江流域和珠江流域的开发，比黄河流域还要落后得多。

6. 景帝的遗产

汉景帝后元三年（前140）正月甲子这一天，刘启在长安未央宫去世，年48岁。太子刘彻即皇帝位。

这一年，刘彻16岁。这位16岁的少年皇帝，继承了怎样的政治遗产呢？

回顾西汉初年的历史，政治形势依然复杂，经济条件异常落后，外族威胁空前严重。刘邦和他的功臣集团排除诸多困难，努力使西汉政权得以稳定。刘邦去世后，西汉王朝经历了吕后专政的时代，随后进入汉文帝刘恒和汉景帝刘启当政的文景时期。

文景两代39年间，政局大体稳定，经济得以恢复，文化有所进步。千百年来，人们始终将这一时期看作安定繁荣的盛世的典型，史称"文景之治"。从社会经济文化进步的总历程看，文景时代的成就，使秦以来的历史由急峻渐而宽和，由阴暗转向光明。应当说，汉文帝、汉景帝父子两代所实现的"文景之治"的成功，是中国帝制时代比较辉煌的时期。而汉文帝统治的23年，是"文景之治"的关键时期。汉文帝和他的谋臣们不仅在这一时期使国家管理走上了正轨，也为后来的汉景帝时代的政制和政风规定了基本格局。汉文帝本人的政治品格，也为他的继承人汉景帝树立了榜样。

《史记·孝景本纪》司马贞《索隐述赞》在评述汉景帝初年的历史时说："景帝即位，因脩静默。勉人于农，率下以德。制度斯创，礼法可则。"肯定汉景帝在这一时期的政治举措表现出"静默"的风格。当时政府劝勉民众努力农耕，统治集团上层又注意以自我行为的约束树立较好的道德标范，一些有利于社会发展的制度建立起来，对后世形成了规范性的影响。

黄老之学主张"无为无不为"，就是在政治上少有急切的举措，避免苛政扰民，否定过激的政策，否定冒进的倾向，使社会生活在自然的状况下得以安定。当时的许多政论家，都提倡这种政治风格，主张通过"无为"，实现"无不为"，通过"无治"，实现"无不治"。在行政实践中推行这一原则，就应当废除严酷的法律，减轻民众的负担。文景时代轻徭薄赋，削省刑罚，就体现了这样的政治思想。"无为"政治表面看起来有消极的色彩，它的实质，却透露出一种科学的客观主义精神。

政治斗争激烈复杂，充满你死我活的对抗、角逐和拼搏，整个政治生活的节奏也越来越急骤，积极进取的政治风格往往可以直接取胜，因而历来为人所称道。但是我们回顾历史时，还可以

发现，在某种历史背景下，《老子》宣传的带有朴素的辩证法因素的"守柔曰强"的原则应用于政治生活中，有时也可以表现出神奇的力量。汉初的历史现象就是例证之一。

说汉景帝是一位"静默"的帝王，是有一定根据的。许多学者都注意到，除了在《史记·孝文本纪》中可以看到汉景帝元年十月关于"为孝文皇帝立太宗之庙"的长篇诏书外，《史记·孝景本纪》中没有记录汉景帝任何言论和诏书。这和汉文帝的言行，形成了鲜明的对照。

这当然不是说，仅仅凭这一现象就可以断定汉景帝必然是一位沉默寡言的帝王。但是司马迁的记述，至少可以使我们知道，汉景帝大约不是一位终日喜欢作自我表演的喋喋不休的饶舌的君主。

虽然当时社会历史发展的基调是"静默"和"无为"，汉景帝时代实际上也经历过严重的政治动乱。汉景帝三年（前154），爆发了"吴楚七国之乱"。中央政府依恃多年的经济积累和稳固的政治基础，最终平定叛乱，实现了新的安定。汉景帝于是下决心强化中央集权，使"大一统"政治得以进一步巩固，并且为经济生活在更高层次上的进步创造了条件。这就是司马迁在《史记·太史公自序》中所说的"诸侯骄恣，吴首为乱，京师行诛，七国伏辜，天下翕然，大安殷富"的过程。对于汉景帝时代的政治史，少年刘彻或者亲闻，或者亲历，应当是有切身的感受的。

"大安殷富"的说法，比较真切地反映了当时天下的形势。《史记·酷吏列传》里还可以看到儒生狄山对汉景帝后期形势的评论"吴楚已破，竟景帝不言兵，天下富实。"说平定吴楚七国之乱后，直到汉景帝逝世，没有大的战争，以致天下富足殷实。

宋代历史学家司马光在《资治通鉴》中叙述到汉武帝登基这段历史时，引录了班固在《汉书·景帝纪》篇末的一段赞语"周秦之敝，罔密文峻，而奸宄不胜。汉兴，扫除烦苛，与民休息。至于孝文，加之以恭俭，孝景遵业，五六十载之间，至于移风易俗，黎民醇厚。周云成康，汉言文景，美矣！"意思是说，周秦以来，政治败敝，社会不能安定。汉王朝建立之后，改良行政，减轻了民众的负担。汉文帝又特别恭俭，汉景帝继承了这一政治风格，五六十年之间，社会文化面貌有所改善，社会道德水准得以提升。人们评价周代历史，称颂"成康"之世，评价汉代历史，赞美"文景之治"，都是因为这一阶段政治最为完善的缘故。

司马光在记录汉武帝登基的历史过程之后就引了这段话，其用意显然是向读者介绍这位年轻的帝王接过了怎样一个天下。

文景留给汉武帝的遗产，表现在经济方面，是"大安殷富"、"天下富实"的国家。荀悦《汉纪》在关于汉文帝二年史事的记述中，引录了晁错这样的话：现今农夫五口之家，其直接劳作者不过二人，其能够耕作的田地不过百亩，百亩农田收益的谷物，不过三百石。有的学者根据这段话推断，当时农业生产的水平，粮食亩产折合今天的计量标准，达到每亩收获小米281市斤。

司马光在引录班固对"文景"成就的赞叹之后，又用司马迁在《史记·平准书》中的一段评论，介绍了汉武帝即位之初的经济形势"汉兴七十余年之间，国家无事，非遇水旱之灾，民则人给家足，都鄙廪庾皆满，而府库余货财。京师之钱累巨万，贯朽而不可校。太仓之粟陈陈相因，充溢露积于外，至腐败不可食。众庶街巷有马，阡陌之间成群，而乘字牝者傧而不得聚会。"司马迁说，从汉初经历文景时代至于汉武帝即位之初70多年间，国家没

有经历严重的政治动乱,也没有遭遇严重的水旱灾荒,于是民间人给家足,城乡的大小粮仓也都得以充实,而朝廷的财政也历年有所盈余。京师的钱财累积至于千百万,以致穿钱的绳子也腐烂了,无法清校数量。国家粮仓太仓的存粮一年年累积,新粮堆放在陈粮上面,第二年也成了陈粮,又被新粮覆压。至于满溢而堆积于露天,致使腐败不可食用。民间大小民户都风行养马,阡陌之间驰游成群。人们竞相逞示富有,骑乘瘦马、母马的人,被人看不起,甚至没有资格参与乡间聚会,看城门的小官都有好肉、好饭吃。这种社会安定、经济发展、政治统一的局面,给武帝施展政治才能提供了极为良好的基础。虽然说问题还不少,要做的事情还很多,但毕竟前人已经为他开辟了道路。武帝决心在先祖开拓的道路上大步向前,运用皇帝的至尊地位和绝对权威,施展自己的雄才大略,干出一番事业来,在青史上留下英名。

二、独尊儒术

汉朝建立以来，面对残破的社会经济状况，在总结农民起义经验教训的基础上，高祖刘邦采纳了黄老思想，实行"休养生息"政策，出现了我国封建历史上的第一个盛世"文景之治。"封建社会经济出现了前所未有的繁荣。到汉武帝即位后，国力强盛，经济发展，汉武帝又采纳了董仲舒提出的"罢黜百家，独尊儒术"的建议，试图从思想上加强封建主义的中央集权统治。

1. 叔孙通制朝仪

汉初"文景之治"的指导思想，是"清静无为"，就是让百姓休养生息，复兴以农业为本的社会经济，不要过多地去打扰老百姓的生活。这个治国方针和指导思想，确实收到了实效。汉武帝即位以后，要不要继续奉行"清静无为"的方针呢？发展、变化了的政治、经济情况，要求汉武帝变"无为"为"有为"，变"无欲"为"多欲"。客观的时代条件和主观的性格特征相结合，造就了武帝一生好大喜功的特点。他从小接受的儒家思想教育，使他对道家"清静无为"的思想和"无事无欲"的淡泊生活很不习惯。他对儒家的繁文缛节有浓厚的兴趣，他

汉 武 帝

要搞政治上的大一统。而这一切，也只有儒家思想才能提供理论依据。武帝逐渐萌生了以儒家思想作为汉王朝指导思想的想法。为了施展自己的政治抱负，他又迫切需要搜罗一批人才。

汉武帝的贤良对策和尊崇儒术，就是在这样的时代条件和政治要求下出现的。

从汉初以来，儒家就和统治者发生了联系。汉高祖刘邦出身平民，从来没读过儒家的书，也很讨厌儒生。他刚起义时，有儒生戴着儒冠去见他。他一把抓下儒生的帽子，撒一泡尿在里面，以示对儒生的侮辱。有个秦博士（博士是古代学官名。秦代博士的职务是掌管古今史事以备查问，同时管理书籍黄册等）叫叔孙通，想去见他，知道他有这个坏脾气，便穿了楚国式样的短衣去见他。刘邦见了果然欢喜，拜他为博士。叔孙通为刘邦制定了百官朝见皇帝的仪式，文武大臣都恭敬而秩序井然地向刘邦跪拜。刘邦大为高兴，说："我今天才知道做皇帝的尊贵！"因为他原先会见大臣时，朝廷上总是乱哄哄的，那些在草莽里滚爬出来的英雄们，坐在殿堂里饮酒吃喝，往往为争论功劳大小而争吵不休。使起性子来，还拔剑向柱子上砍去。刘邦实在头痛，可是又想不出办法来制服这些不懂礼节的大臣。现在叔孙通为他制定了尊卑有序的朝仪，文武百官几百人分东西向肃立，皇帝坐在辇（nian 捻，人力推挽的车）上出房，从诸侯王直到俸禄六百石的官吏都依次奉贺，没有一人不肃敬震恐的。行礼完毕，百官在殿上低头饮酒，没有一人敢喧哗失礼。殿上斟酒九次，传令官高呼"罢酒"，百官静静地退出。这种尊贵、严肃的场面，叫刘邦高兴得不得了。他封叔孙通做太常的官，专管宗庙礼仪，又赐金五百斤。叔孙通有批学生原来不肯跟他来长安，骂老师不识时务。在事实

面前，他们恭贺老师说："先生真是个识时务的圣人啊！"除叔孙通外，文帝、景帝时也有不少儒生充任博士。诸侯王也有热心提倡儒术的，如楚元王刘交，就是秦儒生浮丘柏的弟子。刘交封王后，就把他的同学穆生、白生、申公三人封为中大夫，充当顾问。河间献王刘德，也是儒家信徒，非常热衷于兴修礼乐制度，征集儒家经籍，还为《毛诗》和《左氏春秋》（《毛诗》汉初毛亨、毛苌为《诗》经做的训传。《左氏春秋》，即《左传》，相传春秋时左丘明作，为儒家经典之一）立了博士。自己的言行谨守儒家法规，门下有很多儒生依附。

　　汉初儒生虽有一定地位和影响，但只是在局部范围和一定时期内起作用。叔孙通受到任用，只是因为定了礼仪。诸侯王信奉儒家的，也是少数人。汉初的儒家，只是作为战国以来百家中的一家而存在。最高统治者都不崇儒。文帝、景帝、窦太后（文帝妻、景帝母）都好黄老和刑名之学（黄老，古代道家学派名，以传说中的黄帝和老聃相配，同尊为创始人，故名。刑名，古代法家学派，主张循名责实、慎赏明罚，故名）。汉初的几个丞相，如萧何、曹参、陈平、周勃、张苍等人，出身或是刀笔吏，或是武将，或是谋士；有的信道家，有的信阴阳家（古代学派名，用阴阳来表示和说明一切自然变化的根源。阴阳家以战国时期的邹衍为代表）；都不信仰儒家。当时盛行的是黄老思想和刑名之学，儒家是没有什么地位的。汉武帝即位后，随着政治上大一统局面的形成，也要求思想上的大一统，儒家思想才应运发展，成为封建统治思想。武帝在扶持、推广儒家思想上，起了重大作用。

2. 立太学尊儒士

汉武帝自从即皇帝位不久，就不断进行尊儒活动，其中产生了重大而深远影响的，还要以置五经博士、兴学校两件事为最大。据考证，战国末期已设立博士一职。汉初承秦制置博士，文帝时博士多达七十余人，博士的构成、作用与秦朝颇为相似。汉朝的初期，儒家经学就有博士。《汉书·武帝纪》载建元五年（前139）春，置五经博士。由于这时的《乐》因为时间久远而已失传，儒家的六经也只剩五经，而《诗》《书》《春秋》三经已置，所以，要置的只是《礼》《易》两经。《汉书·儒林传》赞曰"自武帝立五经博士。开始《书》唯有欧阳、礼后(后苍)、易杨(杨何)、春秋公羊而已。至孝，宣世，复立大小夏侯尚书，大小戴礼，施、孟、梁丘易，谷梁春秋。至元帝世，复立京氏易。"这段记载把武帝立五经博士后经学的传授讲得再清楚不过了，传授的《尚书》是欧阳尚书、《礼》是后氏礼、《易》是杨何传授的易。到宣帝对经学的传授又增加了几家，到了元帝时又增加了京氏易。如果这个记载正确的话，后苍就应是武帝时所立博士。况且，在宣帝即位的第二年，后苍已由博士升为少府两年。昭帝在位时间仅十四年，而且文献上没有昭帝立经学博士的记载，所以后苍主为《礼》博士只能是在武帝时期。

汉武帝置五经博士，是由于《易》《书》《诗》《礼》《春秋》这五经对治理国家有着极其重要的作用。置五经博士这一措施对儒学发展的促进作用是无法估量的。据典籍所载，中国在夏、商、周时已有学校。汉代国立大学称太学，是武帝时创办设立的。郡国地方办的学校称庠序，在武帝之前如蜀都已有设置，武帝时

诏令天下郡国都设立学校，学校逐渐普及于全国。

兴办国立太学是董仲舒在《对策》中提出的最好建议，董仲舒兴太学的建议和办学的具体措施。这些具体措施：一是"置明师"，就是设置儒家思想经学之师，也就是后来武帝所设置的五经博士。二是"养天下之士"，就是培养来自全国各地的学生。三是通过"数考问"了解学生的才学。这样国家就能够得到"英俊"之材。汉武帝立即采纳了董仲舒的建议，并付诸实施。建元五年（前136）春"置五经博士"，为兴建太学准备了教师条件。这样过了十二年，到元朔五年（前124）六月，武帝下了一道兴学的诏书，诏书中讲了制礼作乐进行教化的重要性，并指令太常商议为博士置弟子的事情，以使乡里人人崇尚教化，并达到砥砺贤才的目的。诏书下达不久，丞相公孙弘与太常孔臧、博士平等商议，为执行汉武帝诏令的精神，决定采取以下具体措施，并经过汉武帝批准。决定采取的具体措施如下：

陛下劝学兴礼，崇教化，砺贤才，以化四方，这是谋求天下太平的根本，先要把京城建成一个"首善"的模范地区。请求对旧的屋舍加以修整和扩建用来兴办学校，为博士官设置五十位弟子，并且免除他们的徭役。太常要负责选择18岁以上容貌端正的民众，随时补博士弟子的名额。各郡国及县、道、邑中有爱好文学、敬重长上、尊崇政教、顺和乡里、言行和他所学一致的人，县令、侯相、县长、县丞必须报到上属的郡守或诸侯王国相那里，这些上司经过仔细谨慎的考察认为可以的，就应当叫他和郡国"计吏"一同到京师晋见太常，让他们和博士弟子一样受同等教育。学期为一年，学习期满，不论是太常所补博士弟子或者郡国所选的学生，都要进行考试。能通一经以上的，可以补文学掌故

的缺额。成绩突出的优秀者可以当郎官的，太常要为其列名簿上奏。如有才学特别优异的，也要随时把姓名奏上。这些人中如果有不督学习和才具下等的，及不能通达一经的，就罢除他，推荐他的单位也要受处罚。中央机关和地方政府需要的治礼和治掌故两种官职，经常以文学和礼义之士担任，因此，请选择博士弟子中成绩优秀名列前茅，俸禄"比二百石以上"的郎，及俸禄百石而能通一经以上的官吏，补左内史、大行卒史。比百石以下的官吏，补郡太守的卒史，每郡各二人，边郡一人。先用背诵经书多的，如果人数不够，再选择掌故中的优异者补俸禄为"中二千石"的属吏，文学掌故补太守的属吏。由这些人备员，准备随时递补缺额。

以上新立的条文，请著录在法规上，其他仍然按照以往旧律。皇帝批示说"可以"。从此以后，公卿大夫和一般官吏，很多都是才华横溢的文学之士了。从上述内容可知，武帝时兴办了太学，太学的老师就是儒家的经学博士，被选送到太学的学生有两部分，一部分是太常遣派的博士弟子50人，另一部分是郡国选送经太常批准的"得受业如弟子"地方派遣生。这两部分学生经过学习一年后要经过严格考核，并按学习的等次分派到皇帝身边做郎官，和被委派到中央一些其他机构和郡国守相下作属吏，学习不及格的罢除。武帝之后博士弟子名额逐渐增加，昭帝时增加到100人，宣帝时增加200人，元帝时增至1000人，成帝末增至3000人，到东汉末竟然增加至3万人。

地方办的学校以景帝后期文翁在蜀郡办学时间最早。武帝时，令郡国"皆立学校官（校舍）"，地方办的学校在全国才普及起来，初步建立了地方教育体系。

汉武帝刘彻即位后，通过诸如《对策》活动、置五经博士、兴办太学以及使地方学校在全国得到普及等，促进了教育与儒学的发展及使许多优秀儒生加入国家官僚集团。《汉书·儒林传》赞曰"自武帝立五经博士，开弟子员（为博士置弟子），设科射策，劝以官禄，迄于元始，已有一百多年，传业者浸（渐）盛，支叶蕃（多）滋，一经说至百余万言，大师众至千余人，盖禄利之路然也。"兴办学校之举，不但为当时统治集团培养了大量儒生充任了各级政府官吏，而且这种现象以后维持了封建社会两千多年，对中国古代的政治、文化生活以及经济都发生了重大影响。太学的兴立，进一步有效地助长了民间积极向学的风气，对于文化的传播起到了重大的推动作用，同时使大官僚和大富豪子嗣垄断官位的情形有所改变，一般中家子弟入仕的门径得以拓宽，一些出身社会下层的"英俊"之士，也得到入仕的机会。

3. 注重法治

汉武帝要改革，要前进，就需要通过法治为依据清除前进道路上的障碍。此外，"法治"作为一种治国的重要方法，想把国家治理好是不能没有的。这就是汉武帝注重法治的原因。

周朝的时候特别重视以德治国，对旧贵族的利益和特权是非常维护的，所以《礼记·曲礼上》说"礼不下庶人，刑不上大夫（庶人没有资格受礼遇，大夫拥有特权不受刑）。"有的学者指出，周代的礼，也包含着法。春秋战国时期随着法家的出现提出了法治思想。

先秦法家的法治思想有两个十分显著的特点：一是用法"不别亲疏，不殊贵贱，一断于法（不分亲疏，不分贵贱的差别，一

汉武帝

切用法律来判断)"。"刑过不避大臣,赏善不遗匹夫(惩罚非过,不可回避权贵大臣;而奖赏善行,则不可遗漏普通百姓)"。二是必须公正执法,要求"言无二贵,法不两适。故言行而不轨于法令者,必禁(命令没有比君主的更尊贵的,没有比法律更合适治理国家的。所以,臣民不符合法律命令的,必须禁止)。这就要求以法治国,要求无论任何人在法律面前人人平等。韩非也称这一学说为"刑名之术"。他认为,具体的法令条文叫名,依据法令条文进行赏罚叫刑。名是刑的根据,刑应合乎名。这就叫"刑名之术"。由于中国的法治思想是先秦时期法家提出的,所以探讨汉武帝的法治思想离不开先秦法家的法治思想。

汉武帝继承了先秦时期和汉初执法公平"不别亲疏,不殊贵贱"的法治思想,以法治国,是比较突出的。武帝妹妹隆虑公主之子昭平君,又是武帝女儿夷安公主的丈夫,犯了应该斩首的罪行,隆虑公主临死前,以金千斤、钱千万为其赎罪。

按汉朝的法律是允许以钱赎罪的,所以武帝批准了。隆虑公主死后,昭平君又犯了死罪,因为是公主之子,廷尉不敢擅自做主处决他,又请示武帝决处其罪。

武帝为之垂涕叹息,良久曰"法令者,先帝所造也,因弟(妹)故而诬先帝之法,吾何面目入高庙乎?又下负万民。"乃可其奏,哀不能自止,左右尽悲。朔前上寿,曰"臣闻圣王为政,赏不避仇雠,诛不择骨肉。《书》曰:'不偏不党,王道荡荡'。此二者,五帝所重,三王所难也。陛下行之,是四海之内元元之民各得其所,天下幸甚!"汉武帝在处理这一案件时可以说严格继承了先秦法家的法治思想。

武帝执法非常严明,如方士栾大,在乐成侯丁义的极力推荐

下来到了武帝身边，靠诈骗博得了武帝的信任。武帝赏给他大量财富，并封其五利将军、天道将军、乐通侯等官、爵，授其六颗金印，还把自己的女儿、卫皇后生的长女嫁给了他。

但后来武帝发现了他的诈骗活动后，毫不留情地处死了他，并且对推荐他的乐成侯丁义也判处弃市。王船山就此事说："乐成侯丁义荐栾大，大诈穷而义弃市。小人不耻不仁，不畏不义，小惩而大诫，小人之福也，惩一人而天下诫，国家之福也。义既诛，大臣弗敢荐方士者，畏诛而自不尝试也。义诛，而方士公孙卿之宠不复如以前的方士文成、五利之显赫。其后求仙之志亦息矣，无有从谀（奉承）之人也。故刑赏明而巧言诀媚之人收敛。武帝淫佚无度而终不亡，赖此也夫！"王船山称赞汉武帝的严明执法不徇私情起到了除奸、防奸的作用，甚至说武帝最后没有亡国，就是完全依赖于他的执法严明。

从上述两个例子来看，武帝不分亲疏贵贱、严明公正执法，确实得到了先秦法治思想的真传，从这个意义上也可以说，汉武帝的法治思想是吸收先秦法家思想基础上而形成的。

汉武帝重法治也是当时客观形势的需要。武帝即位不久外事四夷、内事兴作，特别是对匈奴的战争势必激化各方面的矛盾，为此就需要增订法律，赏罚分明，以推动事业前进。《汉书·刑法志》说："及至孝武即位，外事四夷之功，内盛耳目之好，征发烦数，百姓贫耗，穷民犯法，酷吏击断，奸宄不胜。"在这种情况下，元光五年（前130）七月，武帝任命张汤、赵禹定制律令。这次条定的律令特点是：

法令文深而且严酷。《汉书·张汤传》说："张汤与赵禹共定律令，务在文深"。《汉书·刑法志》说："张汤、赵禹之属，条

汉 武 帝

定法令，作见知故纵、监临部主之法，缓深故之罪，急纵出之诛。其后奸猾巧法，转相比况，或罪同而论异。奸吏因缘为市，所欲活则傅生议，所欲陷则予死比。"从这一记载中可以看出所谓律令文深、严酷。法令不但条文繁多而且严密。《汉书·刑法志》说武帝时法网渐密，"律令凡三百五十九章；大辟四百零九条，一千八百八十二事；死罪决事比一万三千四百七十二事。文书盈于几阁，典者不能遍睹"。上述记载充分说明，汉朝的律、令、科、比四种法律的基本形式，其中律、令是两种最基本的形式。

律，是皇帝令制定的一种比较稳定的基本的法律形式，是判定犯罪性质、名称、轻重的准绳。汉武帝时，据《晋书·刑法志》说张汤作宫廷警卫的"《越宫律》篇"，赵禹作"《朝律》六篇"共计三十三篇。

上述高帝、武帝共作律六十篇，武帝时制定三十三篇，占总数的百分之五十五。上引《汉书·刑法志》说"律令凡三百五十九章"，统称汉律，后亡佚。后来人们所说汉律，就是指上述这些篇章。

令，就是皇帝颁发的诏令。《汉书·宣帝纪》注引文颖说"天子诏所增损，不在律上者为令"。

科，按犯罪性质分类进行处罚的条律称科或科条。《释名·释典艺》云"科，课也，课其不如法者，罪责之也。"《后汉书·梁统传》载"武帝军役数兴，豪杰犯禁，奸吏弄法，故重首匿之科"。

比，是以旧的案例作为判决的标准，遇到新案子与其比较进行判定，所以称为"决事比"。

法律条文的明显增加，使"文书盈于几阁，典者不能遍睹"。

汉武帝就是"霸王道杂之"的开创者和实践者，并且尊儒重法，任用儒法兼用的公孙弘和从狱吏中提拔起来的张汤、杜周等执法大臣，用严刑峻法打击诸侯王叛乱、豪强、商人、农民起义。因此说以法治国是汉武帝治国的重要手段和制度。

4. 举贤良方正

汉武帝自幼熟读儒家经籍，对孔子和儒家有好感。他想，要提高儒家地位，一定要让有才能的儒生到朝廷做官。这样，不仅可以重用一批人才，也会提高儒家的身价。建元元年（前140）十月，十六岁的汉武帝签发了一道诏书，要求丞相、御史、列侯、中二千石、诸侯相等各级官僚，推举贤良方正、敢于直言极谏的读书人，到朝廷做官。同时，又鼓励天下吏民直接给皇帝上书，提建议，发议论。朝廷为此专门设置了管理上书事务的公车司马令，称为"公车上书"。诏书下达全国各地后不久，上千件"言世务"的上书，送到了京城长安。年轻的武帝精力充沛，不厌其烦地阅读经过选择的奏章。有个叫东方朔的，一次上书就写了三千片简牍（du），汉武帝读了两个多月才读完，可见他的思才若渴之心。通过上书言事，董仲舒、主父偃（yan）、徐乐、严助、朱买臣等思想家、政治家，都给他选中了。这位年轻的皇帝，一开始就表现出卓越的胆识。

汉武帝的诏书说要举贤良方正，没有说只举儒生。做过武帝老师、深知他用心的丞相卫绾上奏说："所举贤良之士，有的治商鞅、韩非的刑名之学，有的习苏秦、张仪的纵横之言，只会惑乱国政，请陛下把这些人都黜退。"这个奏疏，正中武帝心意，他立即批了一个"可"字。从中央到各郡国，立即按照这个要求推

举"贤良"。准备进京对策查问。与此同时，武帝还用出身儒门的窦婴为丞相，田蚡为太尉，赵绾（王臧的同学）为御史大夫，王臧为郎中令。他还优礼隆重地把年已80余的老儒生申公，请到朝廷里来，向他请教。赵绾、王臧当官后办的第一件事，就是按照儒家经典《礼记》规定的制度，在京城南面造一座明堂，作为皇帝接见诸侯之用。皇帝在明堂里背着屏风南面而立，诸侯等分尊卑站立两旁，"万国衣冠拜冕旒"（mian liu），天子的礼帽和礼帽前后的玉串)，比叔孙通定的朝仪还要尊严。

汉武帝的崇儒和对儒生的优待，引起一向崇奉黄老的窦太后的极端不满。祖孙之间，不仅存在年龄上的差距，更存在思想上的分歧。太皇太后不断在武帝面前唠叨，武帝不能不有所顾忌。建元二年（前139），御史大夫赵绾（wan）上疏，建议国家大事不必再向住在长乐宫的太后请示。这下子惹得早怀不满的窦太后怒火中烧，她咬牙切齿地说："这些人是想重当新垣平吗？"新垣平是汉文帝时的方士，用方术迷信欺蒙汉文帝而被杀。她发誓要杀掉这批用儒家思想迷惑皇帝的儒生。终于，她找到一个借口，硬要武帝把赵绾、王臧打入监狱（后来两人自杀），连窦婴、田蚡也被免职。在窦太后的威慑下，武帝只得忍声吞气。但他毕竟不是小孩子了，作为躬省万机的皇帝而不能用自己想用的人，推行自己的主张，这是不能容忍的。他心里想"看你太皇太后还能活几年！"果然，建元六年（前135）五月，窦太后死了。太皇太后归天，障碍消除，掣肘没有了。武帝立即重新任命田蚡为丞相，开始毫无顾忌地推行自己的大政方针。

5. 公孙弘走上政坛

西汉后期，儒生往往通过"贤良文学"取得参政的条件。在各地相应汉武帝诏令所推举的"贤良文学"中，有一位60岁的老叟。他就是来自菑川国（行政中心在今山东昌乐西）的公孙弘。公孙弘家中贫穷，曾经在海滨放猪，40多岁时才开始学习《春秋》等儒学论著。

公孙弘被任命为博士，又授命出使匈奴。从匈奴回归后向朝廷汇报，奏事不合天子之意，以为没有完成使命。公孙弘于是称病，又回到家乡。

元光五年（前130），公孙弘再次被推举为贤良文学。他执意辞谢，说："我已经被推举一次，西行至长安，能力不足，未能称职，所以才回来了。还是推举别的先生吧"。不过，国人仍坚持推举他。

汉武帝策诏群儒，请教天命废兴的道理。公孙弘对策，回答了治民之本，强调"礼仪"、"赏罚"的应用。当时对策一百多人，太常把公孙弘的对策列在下等，汉武帝阅读之后，将其提升为第一。又亲自召见公孙弘，看到他容貌端正庄严，于是拜为博士，待诏金马门。也就是列入了候选官吏的名单，等候录用。

汉武帝时代为了打通西南夷道路，使得巴蜀地方承受了沉重的负担。公孙弘授命视察巴蜀。他在回到长安之后的汇报中，极力强调控制西南夷对于汉帝国没有什么意义，主张放弃经营西南夷的努力。这一建议没有被汉武帝所采纳。看来，公孙弘是一位倾向保守的大臣。他虽然许多意见和汉武帝不同，但是在朝廷议事的时候，总是把各种背景条件一一陈明，让皇帝自己做出抉

择，从来不和皇帝争辩。汉武帝欣赏他仁厚慎重的性格，又因为他熟悉儒家经典，在处理行政事务方面也有一定的才能，于是信用有加，一年之内，官职就升到左内史。数年之后，又升任御史大夫。元朔年间，接替蔡泽做了丞相。

在公孙弘之前，汉王朝都是在列侯中择定丞相人选。以非贵族身份担任丞相的，公孙弘是第一人。汉武帝于是下诏宣布公孙弘为平津侯。因为任丞相而封侯，公孙弘也是第一人。后来这成为一项制度。封侯不仅奖励"武功"，也褒赏"文德"。这可以看作一个重要信号，宣示着儒学地位的上升。

齐地儒生公孙弘由一个在海边牧猪的老百姓，数年之内拜博士，又任左内史、御史大夫、丞相，封平津侯，操纵朝廷大政，可以说一步登天。这样的人生变化，是由于汉武帝的识拔，更是由于时代的机遇。

公孙弘作为齐鲁儒生的代表，建议各地荐举热心学问、尊敬长上、政治形象完好、乡里关系和顺，又言行一致、表里如一的人，加以培养，充实政府机构。这一建议得到了汉武帝的认可。于是，从此之后，朝廷上下的各级官吏阶层中，开始出现遵守礼法的读书人占多数的情形。在公孙弘之后，齐鲁儒学之士纷纷西行，进入执政集团上层，使得汉王朝的政治构成发生了重要的历史性的变化。

公孙弘曾经和公卿重臣商议一同向汉武帝提出建议，但是到汉武帝面前，往往不顾原先的约定而顺从上意。汲黯曾经当庭质问他：人家说齐人多是狡猾而且不实事求是，你果然如此，起初和臣等商议向陛下建言，事到临头却背弃约定，是不忠之臣。汉武帝问公孙弘，公孙弘回答说："了解臣的内心的，都会说臣忠；

不了解臣的内心的，可能会说臣不忠"。

据说公孙弘为人生活俭朴，卧具使用布被，吃粗米饭，每餐只用一个肉菜。汲黯曾经在皇帝面前批评他，说公孙弘位在三公，俸禄很多，然而只用布被，可见是个伪君子。汉武帝问公孙弘，公孙弘说，确实如此。九卿之中和臣关系最好的就是汲黯了，他当天当庭质问臣，正揭露到臣的短处。臣身为三公而用布被，确实是需诈伪装，想要得到一个好名声。没有汲黯这样的忠臣，陛下哪能听到这样的批评呢？汉武帝认为公孙弘为人谦让，于是更为看重他了。

他个人生活简单，却花费大量钱财修建客馆，开东阁，以接待贤人宾客。对朋友和客人，倾其所有予以周济，以致家中没有余财，因此得到了士人的尊重。《西京杂记》卷四写道：平津侯因为自己是从布衣而登上宰相位的，于是修建客馆，开东阁，以接待贤人宾客。一处叫"钦贤阁"，以待大贤；一处叫"翘材馆"，以待大才；一处叫"接士馆"，以待国士。凡是有德才的士人，他都热情接待，自己取用菲薄，所得俸禄，大都用来奉待这些"天下之士"。

然而据司马迁记载，公孙弘性格多疑，好猜忌，和他有过隔阂的，虽然表面和善相处，私下却一定报复。主父偃被杀，董仲舒为汉武帝所疏远，都是公孙弘起了作用。但不管怎么说，公孙弘的文化功绩是值得肯定的，公孙弘对于提升儒学地位的贡献，是"万事之功"。

6. 儒术独尊

元光元年（前134），22岁的汉武帝再次下诏，命举贤良文学

上书对策。一时间，有多少读书人上书应诏，儒生士子都想通过金殿对策，得到当今皇上的赏识，得个一官半职。贤良对策成为中国科举制度的滥觞（lan shang）。在前后几百人的贤良对策中，儒生董仲舒的精辟而有思想的议论，特别引起武帝的重视。董仲舒前后给武帝上了三策，策策打动武帝的心，后来被称为"天人三策"。董仲舒是广川（今河北景县）人，少年时代就攻读《春秋》，汉景帝时当了博士，收了许多学生。在研读儒家经典上，董仲舒有股子钻劲。他夜以继日地刻苦攻读，三年没有到园圃去过一次。这样的刻苦用功，使他相当深入地掌握了儒家思想的精髓，并能把儒家经典结合汉代的现实进行阐述。武帝每下一道制书（发布皇帝命令的一种文书，盖有皇帝印玺），董仲舒就有一封措词得当、说理透彻的对策，送给武帝看。三道制书，三封对策，一问一答，有问必答，字字句句都切中武帝的心意。

汉武帝在第一道制书里说："朕（zhen 振）即位以来，希望治理好国家，深感责任重大，昼夜不敢安心。深思万机，犹恐有失。故广请四方豪杰与贤良有学之士，希望能听到你们有关治国的宏论。朕当专诚听取，向诸位请教。"他在制书中提问："夏、商、周三代受命于天，他们依据的符命（古代以所谓"祥瑞"的征兆，附会成君主得到天命凭证）是什么？天地间有灾异的变化，是什么原因造成的？"生活在科学水平不高的古代社会的思想家，是不可能找到历史发展和自然运动的客观规律，阐述其变化原因的。他们最简单又最权威的根据，就是《天命论》。因此董仲舒在对策中回答说："臣在《春秋》经中观前代史事，发现上天和人事是互相关联的。天命是可畏的。国家治理不好，上天就制造种种灾害谴责、警告世人；世人不知反省，上天又造出怪异之事，

来警惧人类。若再不改变，天下败亡就接踵而至。可见上天有君王仁爱之心，并希望制止住人世间的祸乱。"董仲舒用天谴论回答了武帝"三代受命，其符安在？灾异之变，何缘而起"的问题。他又提出，国家若要长治久安，必须搞儒家的"礼乐教化"。他说："国君是承继上天意志在人间办事的，故应当用德教，不能滥用刑罚，刑罚不能用来治世，就像年岁不能用黑夜造成一样。"因此，他建议要以"教化"治理天下，"莫不以教化为大务"。"教化不立而万民不正"，"教化立则奸邪皆止"。要教化百姓，就要在国都设立太学（大学），在邑城设立痒（庠 xiang）序。接着，董仲舒猛烈抨击秦朝以法治国的弊端，认为秦的历史证明，法令愈多而奸邪愈生，正好像扬汤止沸、抱薪救火一样。秦朝以法治国的遗毒余烈，至今尚未泯灭。汉家已有天下七十年了，必须改变这种局面，这叫做"退而更化"，只有更化才能治理好国家。

董仲舒的第一个对策，适应了当时汉朝从政治上、思想上巩固封建统治的需要，切中了当时政治上最高代表汉武帝的心思。这位年轻君王早就酝酿着许多想法，只是还没有系统化、理论化，还很朦胧，也没有用文字、语言表达出来。读了董仲舒的对策，他大为惊异，想不到汉家天下竟有这样的人才，能提出一整套的治国理论，系统而完整地讲出自己想讲而没有讲出的话。武帝兴奋之际，又下了第二道制书，命董仲舒将自己的政见写成文章，提出明确意见，"以称朕意"。董仲舒受宠若惊，连忙赶写第二道对策。他进一步总结了三代以来的历史经验，特别点明秦朝以刑法治天下，"赋敛无度"，导致"死者相望而奸不息"的教训。为了培养一批"德治"人才，他再次建议设立太学，作为"教化之本"。他写道，皇帝若通过考问得到天下"英俊"之才，就有可能

实现三代的至治局面，陛下的英名也就能和尧、舜比美。早就想成就一番事业的武帝，被董仲舒的对策说得心痒痒的。他高兴地写了第三道制书给董仲舒，表示很欣赏他的天人相应的观点，说："朕听说善于谈天的必有证于人事，善于说古的人必有验于今，故朕虚心询问天人相应的关系，接受历史的教训，改正以往的所作所为。大夫既谈论了治国的大道理，陈述了历史上治乱的原因，请再讲得透彻点，朕将亲自览阅思考。"

　　两次对策，都获得皇帝的嘉许，董仲舒感到不胜荣幸。他在第三道对策中，郑重提出自己思索多年的哲学观点和政治思想。董仲舒写道："道之大原出于天。天不变，道亦不变。"他希望汉武帝要坚持不变的天道。在不变的天道之下，让君臣、父子、夫妇、兄弟之间遵守严格有序的上下尊卑关系，使"贵贱有等，衣服有别，朝廷有位，乡党有序"，以保持永恒的封建秩序。他又向武帝提出了政治上大一统的思想，"春秋大一统者，天地之常经，古今之通谊也。"帝王要在"大一统"的总原则下，统一思想。凡是不符合儒家六艺（指儒家六经，《礼》《乐》《书》《诗》《易》《春秋》）孔子之术的思想学说，一律摒绝禁止，不允许再存在。只要"邪辟之说灭息"了，"然后统纪可一，而法度可明"，老百姓就好统治了。董仲舒这套建立在唯心主义哲学观点上的政治思想，从"春秋大一统"的原则出发，维护了皇帝至高无上的权力；利用儒家思想，以维持封建统治秩序。在封建社会的上升时期，董仲舒的思想原则，不仅加强了封建中央集权制度，也适应了建立在宗法制基础上的封建地主经济的发展要求。这就是武帝能够接受他三次对策的根本原因。董仲舒对策成功，汉武帝任命他为江都相，在武帝之兄易王刘非那里做事。武帝下诏，

命令全国"推问孔氏，抑制百家，立学校之官，州举茂材孝廉"。罢黜百家，独尊儒术，成为汉武帝时期意识形态领域中一项重大政策，对以后的封建社会，产生了深远的影响。董仲舒后来年老归家，朝廷每有大事，还遣使相问。他的对策和儒家论著，前后共写了123篇，其中一部分保留在流传至今的《春秋繁露》这部古书中。

　　汉武帝实行了中国封建社会政治史和思想史上著名的"罢黜百家，独尊儒术"的方针，儒家思想从此获得合法的官方地位，但这并不意味着武帝就不采用法家的法治思想了。武帝在他统治的54年间，执法非常严厉，实际上是儒表法里的封建帝王。有一次，武帝谈到文学儒者，说："朕物色此类人才，是想广施仁义啊。"耿直的大臣汲黯，马上接着说："陛下内心欲望甚多，不过是在表面上好施仁义罢了！"一句话说得武帝拉长了脸，但又不好发作。因为他被这个直言不讳的大臣讲中了，只好怏怏不乐地罢了朝。武帝总结历史经验，懂得只依靠赤裸裸的法治，是无助于巩固封建统治的。但仅有儒家的德教而没有法治的配合，封建国家也无法执行它的阶级统治的职能。这就是武帝接受董仲舒的思想，使用他又不加以重用（只让他当诸侯王的相）的原因。儒表法里思想，是武帝统治思想的实质。武帝在思想意识形态方面的作用，表现在他顺应时代潮流和社会需要，为封建专制主义的统一帝国，建立了同封建经济基础相适应的意识形态，巩固和促进了封建制度的发展。

三、加强中央集权

年轻的汉武帝雄心勃勃、精力旺盛，他要实现功过三皇五帝的政治理想。为了达到这一目的，必须使汉帝国的政治、经济、军事大权，牢固地掌握在自己手中。但是，汉兴70年来，虽说皇帝是至高无上的，可是由于历史和社会原因，还谈不上实现了巩固的封建中央集权制。窦太后在世时的掣肘，使他深感只有大权独揽，才能号令必行。思想上的统一，必须辅以政治上的集权。为此，他不遗余力地采取各种措施，加强以皇帝的最高权威为标志的封建中央集权制。武帝的历史功绩之一，是他顺应历史潮流，果断地采取各种方法，大体上完成了加强封建专制主义中央集权制的历史任务。

1. 分化削弱诸侯

元朔二年（前127）正月的一天，一个在长安已经十分潦倒的临淄（zī）人主父偃，给汉武帝上书。武帝早上读到主父偃的上书，大为惊叹，傍晚时分就召见了他。奏书上什么内容使武帝如此思贤若渴呢？主父偃这个名字，武帝是听说过的。元光元年（前134），大将军卫青曾几次向武帝推荐过他，说此人有才能，可

重用，可是当时武帝并没有当回事。主父偃在长安把钱花光了，诸侯宾客都看不起他。穷困得没有出路的主父偃，才鼓起勇气，给皇帝上了书。奏书中讲了九件事，其中八件有关政治和法律，一件专论伐匈奴。没想到一封奏书惊动龙颜，武帝召见了他。交谈之后，武帝感慨地说："公皆安在？何相见之晚也！"立刻拜主父偃为郎中（战国时官名，汉代沿用。管理车、骑、门户，并内充侍卫，外从作战）。主父偃受到信用，又几次上疏言事，一年之中升了四次官，做了职位较高的中大夫，充作顾问。

主父偃奏书中，最打动汉武帝心的，是这样一段内容："古代虽然封建诸侯，但封地很小，只有百里左右，天子容易控制他们的强弱变化。今天诸侯国往往有城池数十，范围几千里。朝廷对他们宽和，诸侯就骄奢淫乱；对他们严峻，诸侯就联合起来反抗。如果今天按照法律来削藩（诸侯），就会走向反面，引起诸侯反叛。景帝时晁错建议削藩，就是先例。当今，每个诸侯王都有十几个儿子，而只有其中的嫡长子才有继承权，其他子弟虽然也是诸侯王骨肉，却分不到一尺封地。臣建议陛下：诏令全国诸侯王，允许他们把土地分封给所有子弟，此法叫做'推恩'。诸侯子弟都会为得到封地而高兴，对陛下感恩不尽。实际上是分解了各诸侯国，使他们日趋削弱。不消几代，诸侯王国的问题就解决了。"

汉武帝想不到主父偃竟想出了这样一个高明、简便而又不牵动汉家天下的好办法，帮自己解决了悬在心头多年的一个大问题。从汉高祖刘邦以来，诸侯王的问题一直是个大问题。虽说刘邦费了九牛二虎之力，解决了异姓诸侯王（如韩信、彭越、英布等人）的问题，景帝又平定了七国之乱，可是同姓诸侯王的问题，并未

汉 武 帝

彻底解决。这是刘邦消极吸取秦始皇没有分封子弟之王、"外无尺土藩翼之卫"的教训，不得已而为之的结果。事情有一利必有一弊。封了同姓王，得到了"藩翼之卫"，可是诸侯王拥有广大国土，掌握了诸侯国内的政治、经济大权，享有封国的全部租税，每年只向皇帝缴纳封国人口每人63钱的"献费"。诸侯国大部分官吏，也由诸侯王自行任免。诸侯王国"跨州连郡，连城数十；宫室百官，同制京师"，俨然是割据一方的小皇帝，造成严重的离心倾向。诸侯王国和封建中央集权，形成严重的对立状态。凡是主张中央集权的政治家、思想家，都感到事态严重，主张早日解决诸侯王国的问题。景帝时，御史大夫晁错曾建议削藩，把王国的部分土地收归中央直接统治，特别主张削弱当时最强横的吴王刘濞（bì）的领土。景帝接受建议，开始削藩，不料引起羽毛丰满的七国反叛。虽然景帝平息了叛乱，晁错却成了刀下之鬼，成为这次平叛的牺牲品，多少人都为晁错扼腕叹息。七国之乱平定后，吴、梁、齐、赵等几个较大的王国分成多个小国，"诸侯王不得复治国"。王国官吏任免权收归中央，但诸侯王名义上仍然是封君，可以"衣食租税"。王国领土仍然很广大，诸侯王还掌握着雄厚的经济力量。不从根本上解决诸侯王的问题，他们仍有可能同中央对抗，也就谈不上绝对专制主义的中央集权。汉武帝做太子时，就对诸侯王的所作所为时有所闻。他们荒淫暴戾者有之，无所事事者有之，好的不多。做了皇帝以后，眼见大量租税为诸侯王分食，削弱了中央的财政经济力量，许多事都办不成，心中十分不满。无奈分封刘氏为王，是高祖刘邦的遗训，不可违抗。他苦思冥想，也找不到一个好办法。想不到主父偃的一封奏书，出了个"推恩"的好点子，使他茅塞顿开。

汉武帝全盘接受了主父偃的建议，把"推恩"定为固定制度。他是一个下了决心就做的人。就在主父偃上书的同一个月，他在朝廷上庄严地颁布了"推恩令"，命令各诸侯王在封国内分封子弟为王，由皇帝给予名号。诸侯王谢恩之后，说不出心里是什么滋味。他们提不出任何反对理由，但是都很清楚，在"推恩"及其子孙的名义下，要不了几代，诸侯王的一切全完了。主张中央集权的大臣心里很高兴，王侯势力将进一步衰微，中央集权将进一步加强，汉帝国的统一也会更加巩固。武帝的脸上露出了充满自信的笑容，他又一次获得了成功。在此之后，几乎不可能再有诸侯王"拥土自雄"了。他们仅有名义上的一块封地，而且将越来越小、越来越弱。与此同时，汉武帝又接受了主父偃的另一建议。这时，汉武帝的陵墓—茂陵新建成不久，（汉朝制度规定，皇帝一即位就开始修建陵墓），主父偃建议把郡国豪杰以及财产在300万以上的，全部迁往茂陵，可以起到"内实京师（茂陵在长安西北），外销奸猾"、"不诛而害除"的作用。这样，前后有61000多户、277000多人，迁移到茂陵，在陵旁建置了县邑。

"推恩令"是汉武帝二十九岁时采取的政治措施。这项措施对加强中央集权起了重大作用，可是武帝并没有掉以轻心。因为从"推恩令"开始推行，到诸侯王最后自行消失，要经过几代人时间。好大喜功、急于求成的武帝，是等不及的，他要在他这一代就看到成绩。因此，他念念不忘早点解决诸侯王国的问题。元鼎五年（前112），武帝又抓住"酎（zhou）金事件"，把业已无权的诸侯王狠狠整了一下。按照汉朝制度，皇帝每年八月要到宗庙主持大祭，叫做"饮酎"。"酎"是一种在正月开始酿造、到八月饮用的醇酒。饮酎时，所有参加祭祀的诸侯王，都要奉献助祭

的黄金，称为"酎金"。酎金要有一定的分量和成色，数量以百姓人口数计算，每千口奉金四两，人口越多，酎金量越大。这对诸侯王是一种沉重的负担。他们想，这笔财产最后总是落到国库中去，分不出是谁献的，因此就来个偷工减料，以少充多，以次充好。这种偷工减料，以前也曾发生过，只是没有当做大事来抓，所以也就混过去了。元鼎五年（前112）八月的祭祀中，诸侯王又如法炮制。想不到早有准备的武帝，已在等着他们，立即抓住作为口实。在汉以"孝治天下"的时代，对祖宗祭祀不诚，是最大的不孝。武帝叫少府官吏测定每个王侯酎金的成色和应奉献的分重，这下子原形毕露，王侯们大惊失色。武帝抓住真凭实据，很快在九月里宣布：夺去"献黄金酎祭宗庙不如法"的一百零六位王侯的爵位。事情还涉及到丞相赵周。他因知情不报，下狱治罪，后来自杀于狱中。

汉武帝还采用法治或绝嗣（无后代）除国的办法，废除了一批王侯。建元二年（前139），济川王刘明以杀太傅、中傅罪被废除，除其封国；元朔二年（前127），燕王刘定国有罪自杀，除其国；元狩元年（前122），淮南王刘安谋反，除其国，以其地为九江郡（相当今安徽淮河以南、瓦埠湖流域以东、巢湖以北地区）；同年，衡山王刘赐反，除其国，以其地为衡山郡（相当今河南信阳、湖北红安、黄冈以东，安徽霍山、怀宁以西，南至长江，北至淮河地区）；元狩二年（前121），江都王刘建自杀，除其国，以其地为广陵郡（相当今江苏长江以北、射阳湖西南、仪征以东地区）；元鼎三年（前114），常山王刘勃有罪，除其国；元鼎五年（112年），济北王刘宽有罪自杀，除其国，以其地为北安县，属泰山郡（相当今山东淄博、长清南，肥城东，宁阳、平邑北，沂源、

蒙阴西地区)。此外，因无嗣而除国的，有清河王刘乘（前 136）、山阳王刘定（前 135）、胶西王刘端（前 110）等。但那都是逐个解决，比不上"酎金事件"一下子就解决了一百零六人。从此，历史上长期遗留下来的那种不统一局面，基本解决了。虽然分封制还未绝迹，但已成为一种形式。诸侯王只能"衣食租税，不与政事"，成为皇帝俯首帖耳的臣仆，再也不是汉初那种"一胫（小腿）之大几如腰，一指之大几如股（大腿）"（贾谊语），或"连城数十，地方千里"（主父偃语）的情况了。在完成国内统一、加强专制集权方面，他有胆有识，敢作敢为，干净利落地干了他想干的事。

2. 裁抑丞相权力

汉武帝在对付诸侯王割据势力的同时，对如何独揽中央大权想得更多。丞相这个官衔，时时在他脑海里浮现。因为汉朝丞相的权力太大了，在一人之下，万人之上。不削弱丞相手中的大权，怎能谈得上皇帝大权在握？

丞相是秦代官制，设有左右丞相，右丞相居上，左丞相居下。丞相的官印是金印，印纽上系着紫色绶带，职责是"助理万机"。表面上，丞相要秉承皇帝旨意办事，实际上是整个政权的负责人。皇帝在宫廷内接见大臣，处理国政，称为"内廷"；宫廷之外的事，都由丞相掌握，称为"外廷"。所有国家大事的决定，法令的制订，百官的管理，丞相无不参加，甚至有权斩杀其他官吏。汉景帝以前的丞相，大都是开国功臣，如萧何、曹参、陈平等，皇帝尊敬他们，百官更是恭谨从命。非有大过，不得更换。因此，汉初丞相萧何、曹参、陈平、王陵、灌婴、申屠嘉等人，都是终

汉 武 帝

老相位的。当时的丞相，实际上是朝廷掌握实权的总理大臣。汉景帝时，窦太后期望封皇后的哥哥王信为侯，汉景帝表示：请允许我和丞相商量商量。于是与丞相周亚夫商议，周亚夫以高帝刘邦"非有功，不得侯"的预先约定予以坚决地拒绝。汉景帝默然而有沮丧之色，无可奈何。最终等到周亚夫去世之后，王信才得以封侯。由此可见，当时相权之重。丞相终身在位，必然导致分散皇帝的权力。汉武帝还记得汉文帝时的一个故事：文帝有个崇臣邓通，有一次和文帝开玩笑，文帝不以为然。丞相申屠嘉知道了，要处邓通对皇帝不恭敬之罪。文帝说："我很欢喜他，就算了吧！"申屠嘉回到相府，令人把邓通叫来，斥责说："你这个贱臣，竟敢和皇帝寻开心，大不敬，按律当斩！"吓得邓通跪下连连叩头，碰得头破血流。后来，还是文帝出面讲情，才免了邓通一死。申屠嘉虽说是为了维护皇帝尊严，可他连皇帝的话也不听，不也显得权势太重了吗？汉朝还有"廷议"的制度，以丞相为首的重要官吏，可以就国家大事、皇帝诰命，在皇帝面前争论。贵为"天子"的皇帝，好像是个仲裁人。丞相权大，就意味着皇权缩小。武帝即位后，功臣出任丞相的情况，虽已不复存在，可是外戚出任丞相的情况，则是经常的，如窦婴、田蚡就都是外戚。这些皇亲国戚身踞高位，又和武帝有至亲关系，有时就不把武帝放在眼里。田蚡是武帝的母舅，有时就不把他看成是皇帝，曾和他争夺过用人大权。武帝十分不满这种情况，决心要加以改变，直接掌握行政大权，削弱丞相权力，建立一个完全归自己控制的集权机构。

为了在外廷削弱丞相权力，必须在内廷加强皇帝集权，逐步把外廷的权力，转移到内廷来。汉武帝想了个办法，加强内廷的

"中书"和"尚书"机构。中书由宦官担任，尚书由一般官吏组成，是侍奉皇帝或做些秘书之类工作的。这些内廷职务早已存在，但不是行政中枢。武帝有意把中书和尚书变成行政中枢，使内廷的作用大于外廷，这样就能削弱丞相的权力。武帝又存心让儒生出任丞相，改变由外戚担任丞相的旧制。这样，皇帝就可以随心所欲地指使丞相了。如上所述，儒生出任丞相的第一人是公孙弘。公孙弘出身贫苦，是放猪出身的读书人，60多岁才征为博士。这种老儒生升任丞相，对皇帝自然是感恩不尽，唯命是从。这样，丞相的地位和权力，自然大为削弱。从公孙弘以后，历任丞相的有李蔡、庄青翟、赵周、石庆、公孙贺、刘屈氂（mao矛）等人，都已无大权，大权集中到内廷去了。一切文书、奏章、政令，都由内廷的尚书、侍中、中书等官吏掌握。他们代表皇帝发号施令，可以和皇帝商议政事。尚书等人有权弹劾大臣，铨衡二千石大官的成绩过失，而丞相只能承旨顺命。丞相府逐渐形同虚设，以致后来根本不加修缮，成为败屋，最后变成马厩、车库和奴婢居室。它形象地表现了丞相权力的衰落。

　　加强了皇权，削弱了相权，丞相就成了皇帝手里的玩偶。汉武帝通过调整中央政权机构，独揽大权，亲自过问一切。九卿常常不通过丞相而直接向他奏事，他对丞相也不像以前那样尊重，常常当面谴责，借故黜免，甚至治罪处死。当了丞相，不仅没有实权，反而如临深渊、如履薄冰，致使这个职位无人愿意担任，骑士出身的公孙贺被拜为丞相时，不肯接受印绶，向武帝叩头流涕说："臣本是边地骑马射箭的粗人，才能低下，不足以承担丞相重任，陛下免了吧！"他讲得如此诚恳，哭得这样伤心，武帝和左右的官员也被感动得伤心落泪。武帝说："把丞相扶起来吧！"

公孙贺听说是扶丞相起来，跪在地上死也不肯起身。武帝令出必行，不管他涕泣，起驾回宫了，公孙贺这才不得已当了丞相。出宫时，左右侍从问他为什么不肯当丞相？公孙贺说："当今皇帝贤明，贱臣不能称职。从今以后，我的身家性命危险了！"果然，公孙贺一家，后来在"巫蛊"（gu 古）之祸中被灭族。汉武帝通过削弱相权，巩固了自己大权独揽的神圣地位。

综合汉武帝在位 54 年，曾经频繁任免丞相，先后用相 13 人，平均任职时间只有 4.15 年。其中卫绾在汉景帝时即任相，汉武帝任命的丞相计 12 人。除了田千秋继续在汉昭帝时代担任丞相外，其余 11 人中，3 人在任上去世（其中田蚡精神错乱致死，也不属于正常死亡），3 人被免职，2 人有罪自杀，3 人下狱处死。自杀与下狱死的丞相有：

李蔡，任职 2 年，有罪自杀；

庄青翟，任职 2 年又 10 月，有罪自杀；

赵周，任职 2 年又 7 月，下狱死；

公孙贺，任职 11 年又 3 月，下狱死；

刘屈氂，任职 1 年又 2 月，下狱腰斩。

加上窦婴免职后弃市，以及田蚡非正常死亡的特殊情形，政府高官受到严厉处置数量如此之多，密度如此之大，在历史上是空前的。杨生民《汉武帝传》讨论汉武帝用相时指出："从汉武帝即位到去世共换了十三位丞相。其中五位基本上属于正常免职和正常死亡；有七位属于不正常死亡；一位是武帝死后托孤留任的。丞相处于当时政治生活的中心，武帝和丞相的关系，反映了他恩威并用的坚毅、果断而又严酷的性格。"

3. 察举制度

中国古代社会的政治结构相当稳固。这种结构建设的基本工程，可以说是在汉武帝时代初步完成的。这种政治结构的特征之一，是以官僚制度作为基本的行政管理形式。那么，官吏的选用是通过怎样的途径呢？换句话说，这些官员是怎样进入管理阶层的呢？汉武帝的一项政治发明解决了这个问题，并在中国选官制度史上留下了特殊的意义。这就是察举制。

传统的政治机构是通过一级级的官僚自上而下实行严密地管理的。最高统治者一般都希望吏治清明，以维护正常的政治秩序，保证国家机器的顺利运转。然而另一方面，它又面临着与各级官吏均分实际利益的问题。使各级官吏都得到相应的实利以维持其工作热情，又不使其超过一定的合理度以危害整个国家的利益，是一件相当困难的事。

汉初，逐步建立和健全了一系列选官制度和监察制度。在汉武帝时代，有关制度又得以进一步完善。中国古代王朝在开国初年，最高执政集团多由创业功臣构成。有的学者称之为"功臣政治"。随后往往有功臣子弟集中从政并占据高位的情形，这就是所谓的"功臣子弟政治"。此后才能够逐渐实现贤能之臣执政的所谓"贤臣政治"或"能臣政治"。汉武帝时代，大体上完成了由"功臣政治"向"贤臣政治"或"能臣政治"的转变。

汉武帝开创了献策上书为郎的选官途径，在一定限度内欢迎批评政治的意见。一时间四方人士上书言得失者多达千人，其中有些因此而取得了相当高的职位。田千秋原任高寝郎这样的低级职官，就是因为上书言事被武帝看中，很快被任命为列为九卿之

一的大鸿胪，不过数月又升迁为丞相。

中国古代选官制度的演进，大体可以表现出"世官制"、"察举制"、"九品中正制"、"科举制"三个阶段。"世官制"就是官职世袭的制度。"察举制"则实行由一定地位的人荐举官吏的方式。九品中正制脱胎于"察举制"，不同在于负责选官的中正由朝廷任命。"科举制"则实行考试制度。从"世官制"到"察举制"，体现了选官制度的一大进步。汉文帝时，已经有从社会基层选用"贤良"、"孝廉"的做法，指令中央官吏和地方官吏得从下级属吏、民间地主和部分自耕农人中选拔从政人员。名臣晁错就是以"贤良文学"之选，又经帝王亲自策试，得以升迁为中大夫的。不过，当时既没有规定选举的确定期限，也没有规定各地方选举的人数。也就是说，这种选举形式还没有成为完备的制度。汉武帝在即位之初的第一年，就诏令中央和地方的主要行政长官"举贤良方正直言极谏之士"。六年之后，又下诏策试"贤良"。也就是在这一年，明确规定了郡国必须选举的人数。

正是在汉武帝时代，察举制得以基本成为正式的选官制度。这一历史事实，标志着选官制度重要的进步，意义十分深远。劳幹《汉代察举制度考》一文曾经指出，汉武帝在元光元年（前134）下令每一个郡国都要推荐品行孝顺、作风廉正各一人。因此这一年是"中国学术史和中国政治史的最可纪念的一年"。这是因为这一诏令表明察举制已经发展成为一种比较完备的仕进途径，察举制作为选官制度的主体的地位得以确立。

汉初官吏来源，一为按军功爵高低选任，所以景帝以前官吏大多都是具有军功的人；二为选自郎官，汉行任子之法，二千石以上任官三年者可任子弟一人到京师为郎。亦有"赀选"为郎者

(有赀500万钱而非商贾者可纳赀为郎)。郎，是皇帝的侍从，守门户，充车骑。官吏有缺，可由郎充任。所以董仲舒指出，官吏大多数出于郎中、中郎。但吏二千石子弟，不一定是有才能的人。随着社会经济的发展，封建地主阶级队伍的扩大，他们要求参加各级政权。汉武帝为了适应地主阶级各阶层的要求，巩固和加强中央集权，于是改革了选官制度。他用察举、征辟（由皇帝招聘或者由三公以下推荐请皇帝任用）等方式在博士子弟中考选人才，授以各级各类官职。武帝时期的公孙弘、司马相如、东方朔、枚皋、终军等都是从这种途径进身而被重用的。

4."十三部刺史"和"六条问事"

元封五年（前106），时年50、在国内外成就了许多文治武功的汉武帝，实行了一项有重大意义的政治决策。他把汉帝国划分为豫、冀、徐、青、荆、扬、益、凉、并、幽、兖、朔方、交趾13个州（京师长安周围另设司隶校尉部，辖7郡，不在13州范围内），每州设部刺史（汉武帝所置刺史，性质与秦代的监御史差不多，只是所监的地区由郡扩大为州。汉代地方行政机构郡县以上称州，州只是区域名称，亦称部，但并非地方行政机构。刺史不是在郡太守之上的地方官，而是中央所派的监察官。按其职务性质则为部，故称部刺史）一人。部刺史的官阶不高，每年只有俸禄六百石，是个中级官吏，可是"官小而权重"。他们可以代表皇帝，监察13州的两千石大官，乃至诸侯王。

这年秋天，13部刺史整理好行装，带着不多的随从，从京城长安分头出发。他们带着武帝的诏书，通过一个又一个驿站，不远万里奔赴十三州。所过州郡，当地官吏早已派人在辖境线上迎

接。到达目的地，部刺史捧着皇帝的诏书，向当地长官宣布"六条问事"。所谓"六条问事"，是指在规定的六条范围内，刺史有权监察、询问有关事项。"六条"内容是：

一、地方上的强宗豪右（宗法地主阶级）所占田地、住宅超过规定，以强凌弱，借众欺寡者，可问；二、二千石大官如果不遵照皇帝诏书和国家典章制度，损害民众利益以满足自己私利，侵犯百姓，聚敛作奸者，可问；三、身为二千石大官，不认真审理有疑问的案件，草菅人命，专凭自己喜怒滥施刑罚，害得百姓活不下去，发生了灾害却谎报吉祥的，可问；四、二千石大官在选拔人才时营私舞弊，把自己喜欢的坏人捧上来，把自己讨厌的有才能的人压下去的，可问；五、二千石大官的子弟凭借老子的权势，在地方上横行不法，犯了罪又包庇下来的，可问；六、二千石官员不尽心公职，反而和当地豪强勾结，收取贿赂，贪赃枉法的，可问。

部刺史在宣布"六条"前还说明："本刺史这次来到郡国，是为了考察地方治绩，黜陟好坏，断治冤狱。在六条范围内，本刺史有权监察询问；非六条范围，即不省察。"这段开场白，是让二千石官员和诸侯王吃定心丸的。可是，"六条"已经包括地方官吏勾结当地豪强横行不法的一切方面了，还有什么"非六条不问"的限制？难怪部刺史宣布"六条"后，平时趾高气扬、凶如恶煞的地方官吏及其纨绔子弟都惴惴不安，担心能不能躲过这一关？他们深知汉武帝的厉害，丞相都可以腰斩，何况他们这些人！

确实如此，"六条问事"主要是督察郡国守、俸禄二千石大官乃至诸侯王的，它的矛头同时也指向不法豪强地主。部刺史主要任务是监察，但也可以断治冤狱。他们搜集到不法官吏作奸犯

科的真凭实据后，就在年底返回京师报告。汉武帝任用一批执法苛严的官吏，依靠他们狠狠打击不法官吏和豪强地主。

　　汉武帝在他即位30多年以后，怎么会出此一招呢？从表面上看，是为了加强中央对地方行政的控制，巩固中央集权。但问题的关键，在于这一政治措施的实行，不是在武帝初年，而是在武帝中、后期。十三部刺史的设置和六条问事，是同汉王朝社会矛盾的发展相联系的。汉初七十多年的相对平稳，发展了社会经济，也培植了一大批豪强地主和官僚地主。地主对农民的土地兼并日趋发展，到武帝初年，那些兼并豪强之徒已在农村里横行霸道。官僚和地主沆瀣（hang xie）一气，结为一体，侵犯农民，对抗中央法令。在农村和城市造成无数田宅逾制、以强凌弱、以众暴寡、风厉杀人、蔽贤宠顽、子弟恃怙荣势、依附豪强、通行贿赂的罪恶，直接影响到社会的安定和中央的统治。从董仲舒的对策开始，已有不少人向武帝陈述过社会矛盾的尖锐性和严重性。武帝懂得，打击这些豪强地主以及同他们沆瀣一气的地方官僚，对稳定社会秩序十分重要，也有助于加强中央集权。因此，他果断地采取了这一重大的政治措施，严惩了各地横行不法的地方官僚和豪强地主，暂时缓和了社会矛盾。

　　汉武帝设置十三部刺史，是对秦代监察制度的发展。这种监察制度，在当时能够实行和实际起到作用，是同中国封建社会还处在上升、发展阶段分不开来的。武帝时期，虽然以地主和农民为主的各种社会矛盾已在发展，但封建制度仍有强盛的生命力，封建国家能够运用自身的力量，在一定的范围和一定的程度上，荡涤损害封建经济基础和危害封建中央集权的腐朽的社会势力，巩固封建统治。当然，这种制度最后还是落实到汉朝整个封建统

治阶级对农民的控制和剥削上面。汉武帝的伟大之处，在于他能看到打击局部腐朽势力对巩固整个封建统治的积极意义，并能把这种正确认识转化为实际行动。

5. 加强中央军力

汉代的军制是在继承秦朝军制的基础上发展起来的。汉初，实施"与民休息"的政策，百姓兵役负担相对减轻，军事体制保持了秦朝高度集中和统一的特点。武帝时期，以"内朝"驭"外朝"，削弱王国诸侯，加强对军权控制；在频繁用兵过程中，军队结构、兵员征集等不断变化，骑兵上升为重要兵种。募兵制逐渐施行。

汉代军队，在武帝时期数量得到扩大、军种也较为完备，尤其是改革了保卫京师的军队建制，使中央所控制的军力大大加强。当时屯卫京师的军队分为两支，一只是南军，由卫尉率领守卫京师。为了加强南军的力量，武帝创建了由三辅、陇西、天水等六郡的良家子弟善骑射者组成的"期门军"和"羽林军"，又将军中战死者的子孙养于羽林军中加以精心训练，称"羽林孤儿"。兼收北军的中尉改称执金吾，督巡三辅治安，同时又在北军中增设八校尉，北军扩编后改由中垒校尉统率；又置屯骑、步兵、越骑、长水、胡骑、射生、虎贲（ben）七校尉，每校尉下约有属兵700人，分屯长安城中和附近各地，并得随军出战（士兵约为三辅骑士，一年更换一次）。同时，守卫未央宫的屯卫军编制也进行了扩大。这些常驻京师的士卒均是招募而来，训练精良，阵容齐备，后来发展为西汉王朝的主力军，这也是中国募兵制的开始。

四、加强中央财政

　　在巩固和加强中央集权的政治基础和"文景之治"所奠定的经济基础上，好大喜功的汉武帝，充分施展了他的政治才干。在位时间内，他抗击匈奴，开拓边疆，大造宫室，巡守封禅，做了许多他认为可以传之千秋的大事。但他万万没有想到，为了把他的雄才大略变为现实，人民要付出多么沉重的代价，国家的财政经济要承受多么沉重的压力。巨大的军费开支，几乎把几十年积聚起来的库藏用空了。加上山东等地水灾，更加重了日趋严重的财政困难。国家财政面临着崩溃的危机，管理财政的大司农向武帝告急"赋税既竭，不足以奉战士。"武帝没有想到，在他即位后的第二个十年，会出现如此严重的财政危机。他不得已下令，百姓可以用钱买爵位，犯罪的人（包括死罪）可以用钱赎罪。元朔六年（前123），一次出卖武功爵十七万级，共值3000余万金。天汉四年（前97）、太始元年（前96），汉武帝又两次下令：死罪入赎钱50万，减死一等。但是，这些救急措施，如杯水车薪，无法解决财政危机的根本问题。武帝日夜思索，又反复和大臣商议，想找条出路，以摆脱财政上的困难。经过一段时间的酝酿，终于想出了办法，制定出一系列增加财政收入的政策。这些政策，主

要是通过加强封建国家的专制主义的经济力量,以富埒(lie列)帝王的大商人为对象,将他们过去所得的利益转归汉朝政府。一场整理财政、增加国家收入的斗争,在汉武帝和大商人之间展开了。武帝以他的雄才大略和果断干练,又操了胜券。

1. 盐铁专卖

盐和铁,是古代社会维持和发展生产力的重要原料。盐是生活必需品,每天不消耗一定分量的盐,人就没有气力进行生产。铁在中国封建时代,除了用来制作兵器外,主要用作制造农具,对农业生产的发展有重大作用。汉代是铁制农具大发展、大推广、大普及的时代,铁的生产和买卖,对国计民生有极大意义。掌握了盐和铁,也就在很大程度上控制了社会生产的发展和财政经济的收入。因此,谁掌握了盐铁的生产和流通,谁就可获大利、致大富。战国以来,有一批从旧贵族转化而来的大商人,由于掌握了盐铁生产而大发其财,可与"王者埒富"。如猗顿由制盐而致富,邯郸郭纵以冶铁成业,蜀地(今四川成都)的卓氏、宛地(今河南南阳市)的梁氏、由山东迁来的贵族程郑、曹地(今山东西部)的邴(bing丙)氏也都以开矿、铸铁致富。在财政问题上面临重大困难的武帝,自然要把眼光集中在这些富贵可与帝王相比的盐、铁大商人身上,一心想把盐、铁之利掌握在国家手里,由国家专卖。

元狩四年(前119),汉武帝为了抓盐、铁专卖,重用了3个财政经济专家。第一个是桑弘羊。他出身于洛阳一个商人家庭,从小就在缁(zi滋,一两的四分之一)利以求的商业气息中长大,学会了一套熟练的理财方法。他可以不用筹码而用心算,得出正

确的答案。由于这种才能和名声，他13岁就被吸收到朝廷里当侍中。第二个是东郭咸阳。他原来就是齐地（今山东泰山以北黄河流域和胶东半岛地区）一个大盐贩子。武帝任他为大农丞，专掌盐、铁事务。第三个是孔仅。他是南阳（今河南南阳市）的大冶铁商人，武帝也任他为大农丞，管盐、铁。武帝很会用人，他有了这3个人，一个理财家，两个精通业务的专家，就委托他们全权办理盐、铁专卖。这3个行家在一起议论财政、盐铁问题，真是了如指掌，不差分毫，一般盐铁商人哪里是他们的对手！

在孔仅和东郭咸阳的主持下，汉武帝开始实行盐、铁专卖政策。专卖政策规定：煮盐、冶铁及其贩卖，全部收归官府，不许私人经营。盐民不准自置煮盐锅（汉代还没有晒盐技术），煮盐锅由国家发给。私自煮盐的，没收生产用的器物，还要处以斩去左脚趾的刑罚。盐民产盐自负盈亏，国家按官价收购。收购到的盐，基本上是就地出售，或由官家、商贾运销各地。盐价由国家规定，如要变动，须经皇帝批准。铁的专卖，包括矿山开掘、钢铁冶炼和铁器铸作三个环节。凡是矿山所在郡县，都设铁官，统管三个环节。没有矿山的地方，设小铁官，只掌管铁器的铸作和销售。冶铁和铁器制作由卒徒和工匠担任。铁官对铁的质量、规格、产量、产值，定出一定的标准。铁官使用大批官徒（罪犯），从事艰苦繁重的冶铁、铸铁劳动。全国设置盐官的有27个郡，36县，另加一个东平国；设置铁官的有个39郡，48个县。盐官和铁官都归大农管，直属中央政府。盐铁专卖政策完备详尽，武帝对孔仅和东郭咸阳制定的专卖计划和细则，非常满意。为了拉拢盐铁商人，并防止他们捣乱、破坏，武帝下令任用盐铁商人中的大户，充当

各地盐铁官府属吏。这样，既用其所长，又以法律约束，如果他们知法犯法，那就是自讨苦吃。这一策略有效地保证了盐铁专卖政策的执行。孔仅推行盐铁专卖政策，并在铸造农具方面做出了成绩，促进了农业生产的发展，武帝很是高兴，于元鼎二年（前115）拜他为大农，列于九卿（秦汉以奉常'太常'、郎中令'光路勋'、卫尉、太仆、廷尉、典客'大鸿胪'、宗正、治粟内史'大农，又改为大司农'、少府为九卿，就是中央各行政机关的总称）之位。桑弘羊也因管理财政有功，被拜为大农丞，管理全国的会计事务。

盐铁专卖有效地解决了当时严重的财政经济困难，为汉武帝"外事四夷，内事兴作"，提供了可靠的经济保证。这对汉代社会经济的发展和多民族统一国家的形成，是有贡献的。但是，巨大的财政收入，是以对从事盐、铁生产的劳动人民和刑徒的残酷压迫和剥削为基础的。出土的汉代刑徒墓的累累白骨，形象地说明了盐、铁官营的残酷性。财政的富裕，也助长了汉武帝时期皇室的奢侈浪费。由于汉帝国着眼于增加收入，并没有改进生产技术和提高生产质量的打算，因而造成盐、铁成品质量很差，且售价甚高。盐铁专卖政策有利也有弊，但对武帝来说，是他整理财政的成功措施之一。他善于用人，善于采纳合理的建议，并加以实行，这就保证了他的成功。

2. 杨可告缗

元鼎三年（前114）一个叫做杨可的人，在京城长安大出风头。可是，商人听到这个名字，无不咬牙切齿，恨不得寝其皮、食其肉。朝廷对所有杨可类型的人，都加以表彰，还给予物质奖

励。杨可之所以出名，是同这年汉王朝制定的"告缗法"联系在一起的。"缗"（min）是穿铜钱用的绳子，又叫钱贯、钱串。缗钱就是用钱贯串起来的成串的钱。一贯或一串钱，数目是一千。商人的资财即以有多少缗钱计算。"告缗"，就是告发商人隐匿的实际资财。"告缗法"规定，告发者可以得到钱财。如元鼎三年（前114）十一月明确规定，百姓告缗，可以得到被告发者的一半资财。重赏之下，必有勇夫，于是杨可立了头功。以他的名字为标志的一个告发浪潮，立即在长安和全国各地漫卷开来，效法者成千上万，造成了一个"杨可告缗遍天下"的局面。

一个商人，只要被人告发并经查实，立刻被拘入狱。汉代的法律是严酷的，汉武帝执行法律又毫不留情。由他指令、经张汤、赵禹等一批执法官制定的律令，凡359章，其中大辟（杀头）罪409条，1882事；死罪决事比（例子）有13472事，其中包括惩罚商人违法的律令和事例。告缗风十分狂暴，中等以上的商人几乎全部被告发了，监狱中塞满了蓬头垢面、神情沮丧的商人，武帝命令著名的酷吏杜周，用严刑峻法审理、惩处这些商人。凡是入狱的商人，几乎没有能平安回去的。杜周很能领会武帝的意图，他知道审理这些脑满肠肥的商人，就是要用严刑把他们榨干，把他们的财产转变为国家的财政收入。因此，他在审讯中无所不用其极。在严刑逼供下，没有隐匿的也招供为隐匿。一个人的案件往往可以牵连到几十人，几百人，范围可以扩大到几百里、几千里。监狱里关押了六七万人，司法官增加到几十万人。听到上报入库的巨额财产数字，武帝十分满意，对杜周也非常赞赏。酷吏杜周也很得意，可是他的残酷手段引起了人们的议论。

有一次，一个门客问他：为什么审理案件不按"三尺法"行

事，只按照皇帝的旨意定罪？杜周直言不讳地回答："三尺法是从哪里来的？还不就是皇帝讲的话！法令都是根据当时情况而定的。"说得门客无言以对。事实上，武帝也是把"杨可告缗"和杜周治狱，看成是自己的政绩的。

　　汉武帝并不是心血来潮想出一个"告缗法"来的。这是汉朝传统的"重本（农）抑末（商）"思想和当时面临的财政危机相结合的产物。武帝从少年时代起，就从父亲汉景帝那里接受了"重本抑末"思想。在武帝看来，拥有大量资财、控制了商业贸易的商人，是损害国家根本（农业经济基础）的蠹虫。从政治上、经济上打击商人，不仅可以保证农业生产的稳定发展，而且可以解决财政经济问题，因此是一举两得的事。他对商人的这种看法，有一个形成过程。正当大多数商人都爱财如命时，曾出现过一个以帮助国家为己任的商人，名叫卜式，是个从事畜牧业的河右（即河西，今河西走廊与湟水流域）人。他几次上书汉武帝，要求将自己的一半家产献给国家，支援国家财政。武帝感到奇怪，派了个使者去问卜式："你是想当官吗？"回答："臣自小就从事放牧，不懂得仕宦礼节，不想当官。""是要申冤吗？"回答"臣一向与人无争，没有冤事可伸。""那你是为什么呢？"卜式说："天子正在讨伐匈奴，臣以为有力者应出力，有钱的应出钱。人人如此，匈奴定然可灭。"武帝听了汇报，后来又听说卜式曾经为帮助迁徙贫民而捐钱 20 万，对卜式颇有好感。于是，拜卜式为郎中，赐给他左庶长爵位，赏给良田十顷，又向全国发布文告，表彰他以帮助国家为己任的功绩。武帝想通过树立榜样的方法，使全国商人效法卜式，帮助国家克服财政困难。可是，商人毕竟是唯利是图的，没有什么人愿意慷慨解囊，卜式毕竟只是凤毛麟角。

武帝又气又恼，心想靠德化还是不行，只有严刑峻法，才能让这些商人交出钱财来。元狩四年（前119），由于历年用兵和许多地方遭受灾害，导致国库空虚，汉武帝开始下令征收商人的资产税，同时征收车船税，这就是所谓"算缗钱"。这个法令规定：一、凡商人经营买卖、放高利贷及囤积货物者，都要按其钱财及货物价值的百分之六抽税，即每值二千钱抽税一算（120钱）；二、凡制作手工业品出卖的，都按其价值的百分之三抽税，即每值四千钱抽税一算；三、凡商人乘坐的轺车（yao），每车抽税二算。一般人（非官吏）的轺车，每车抽税一算；四、船长五丈以上的（可运载商货），每艘抽税一算；五、商人隐匿不报或报告不实的，处以戍边一年的惩罚，并没收其全部财产；六、商人及其家属不许占有土地，违者没收其土地、财产和僮仆。这个法令，扩大了对商人的课税范围，提高了税率。商人手中的现钱和全部货物都作价计算，进行课税；而且，以前不课税的车、船运输工具，如今也要课税，又不许商人占有土地。这对经济势力越来越发展的商人，不啻是个沉重打击。商人对算缗钱极为不满，但严峻的法令是无法抗拒的，唯一的办法是偷税逃税，隐匿资财数目。此事终于暴露，武帝大怒，在"算缗令"下达两年后，又下达严厉的"告缗令"。开始，这个法令执行得还不如武帝的意，告缗的人不多。为了贯彻这个法令，武帝于元鼎三年（前114）十一月，再下诏令，"令民告缗者以其半与之。"这一下，大大推动了"告缗"的发展。在"杨可告缗遍天下"的浪潮冲击下，商人下狱、破产，告缗者发了财，国库充实丰足。大量没收来的钱财、僮仆、田地，被分予官府，官府的开支可以自给。没收来的财产如此之多，以至皇家上林苑里也堆满了财物。有了钱财，武帝下令建造起几十丈高的柏梁台，开凿了碧波荡漾的昆明池，环湖建造起华丽的亭台楼馆。

3. 均输平准

元封元年（前110），已经升为御史大夫的卜式，听到种种反映：官府卖出的盐，不是咸的，而是苦的；官府统售的铁工具，脆弱不牢，一下地就断裂，而价钱却很贵。老百姓不欢迎这种产品，官吏却强迫非买下不可。还有，征收商人的船税太多了，以致经商的人减少，日用货物也少了，物价上涨。这些问题，都关系到国计民生。他找大司农孔仅商量，孔仅也感到是个问题。经过反复磋商，他们决定向汉武帝反映盐铁专卖中的这些问题。武帝听了很不高兴，他是不太听得进不同意见的，一怒之下把卜式贬为太子太傅，撤了孔仅的职，任命桑弘羊为治粟都尉，统管大农官的事。

桑弘羊也早已看到盐铁专卖中存在的问题。他还知道，主管盐、铁的官吏，为了卖出质次价高的盐、铁，往往互相争市，影响了盐、铁的价格稳定。但是，桑弘羊不采取提意见的方式，而是经过思考，提出建议。这样，果然得到武帝的赞许。

桑弘羊建议，在大农下面设置大农部丞几十人，分头到各郡国去，管理盐、铁事务。各郡输往中央的贡品，除部分供应京师需要外，运到行市最高的地方去销售，把卖得的钱交给中央政府。这样，既消除了运输的不便，又减少了大量的运费支出，中央政府一盈一减，就能多得许多钱财。由于是均平运输、减少运费，这种方法就称为"均输"。此外，桑弘羊又建议，在京城长安设置大农管辖下的平准官，专门收罗各地的货物。某种货物便宜时，

政府尽量收购，等到价格昂贵时再卖出去。这样，不仅可以平稳价格，国家的收入也增加了。这种方法称为"平准"。 汉武帝非常赞赏桑弘羊关于"均输"、"平准"的建议。桑弘羊不愧是个出色的理财家，在两千年前的古代，他就懂得用经济的手段管理经济，这是很不简单的。"均输"、"平准"的实行，使物价相对地稳定下来，政府的支出大大减少，还可以获得很大的经济利益。这项政策又能再次抑制大商人，完全符合武帝重农抑商的方针。武帝立即批准桑弘羊的建议，并加以推行。由于新的经济政策的影响，山东等地漕运来的粮食，一年增加六百万石。一年之中，太仓（国家粮库）和甘泉仓里的粮食，都堆得满满的。由均输法而获得的帛，达到五百万匹。百姓的赋税没有增加，而国家的支出丰饶有余。由于财政收入有了保证，武帝于元封元年（前110）下诏：停止执行"告缗令"。

正当盛年（四十六七岁）的汉武帝，喜气洋洋地率领着大队人马，北至朔方（今内蒙古自治区杭锦旗北），东封泰山，游弋在东海之上，再沿北边回到长安，行程万里，费时数年。所过之处，为显示皇帝恩德和国家富足，他毫不吝惜地大施赏赐。赏赐的帛有100余万匹，金钱巨万。这些财富，都是从国库里拿出的。

桑弘羊立了大功，汉武帝更加倍地信任他了。他还向武帝提了另外一些建议，武帝都一一采纳。鉴于桑弘羊的功绩，武帝赐予他左庶长的爵位，并赠予黄金100两。贬了官的卜式，心里很不好受。元封元年（前110），有些地方发生旱灾，迷信的武帝命令百官求雨。卜式趁机上奏说："皇帝应当靠天下租税支付国用，治理国家，而现在桑弘羊教官吏做生意、谋财利，这才惹得老天

发火，降下旱灾来。臣以为，把桑弘羊投入鼎镬（huo 获）煮死，老天就会下雨了。"武帝听了也没有作声。终武帝一世，桑弘羊都平安无事，官运亨通。直到汉昭帝时期，他因居功自傲，一心想为儿子谋取高官，从而与大将军霍光发生了尖锐的矛盾。最后，桑弘羊以参与上官桀谋反罪被杀。

4. 统一铸钱

当我们漫步博物馆的时候，可以看到那小巧、厚实的汉代钱币——五铢钱。货币专家们认为，五铢钱这种金属货币的法定面值，和它所含金属量的实际价值，是完全统一的，因而便于流通。这种铜质钱币，是汉武帝在位时以国家名义铸造的，它成为汉武帝整理财政、统一币制的重要标志。

秦亡汉兴，正赶上经济残破，高祖改革币制，铸造、发行荚钱，如淳注"如榆荚也。"因货币减重而大大贬值，致使物价暴涨，米石万钱，马匹百金。

吕后当政的第二年（前186），更铸八铢钱。至六年（前182）又更铸五分钱，即半两12铢的五分之一，重2.4铢。吕后还曾想由国家控制铸币，颁禁盗铸令。但是，没有奏效。到文帝前元五年（前175），又提高货币重量，铸四铢钱。同时废止禁盗铸令，任民仿造。于是郡国、豪民纷纷私自铸钱。一次，文帝让相面先生给佞臣邓通看相，相面先生说邓通会穷得身无分文，最终饿死。文帝道："能富通者在我，何说贫？"于是把蜀郡严道（今四川荥经）一座铜矿山赐给邓通，让他采矿冶铜，大铸四铢钱，于是，"邓氏钱"遍天下。吴王刘濞也利用国内的铜山，招纳亡命铸钱，起兵反叛时，他曾经得意地说："寡人金钱在天下者往往而有"。

为了博取信誉，同朝廷相颉颃，刘濞等人铸的钱重量足，质量好，但那些纯为钱财而铸币的，于是就偷工减料，或掺用铅铁。贾谊上疏，力谏听民铸钱之弊：

1. 铸钱者掺以铅铁获利甚厚。
2. 奸钱日多，法币渐少。
3. 大批农民弃农采铜铸钱，影响农业生产。
4. 犯法者日多。

在他看来，不禁不行，禁亦不行，唯一的上策是垄断造币的材料——铜。这样有七大好处：

1. 犯罪的人日少。
2. 假钱减少。
3. 弃农铸钱者可重返土地。
4. 国家能驾驭币值，控制物价。
5. 剩余的铜可用来铸造兵器。
6. 控制市场，获取厚利，使国家富裕。
7. 财富有余，便可抗击匈奴。

遗憾的是，文帝因不愿得罪地方势力，没有接受他的建议。铸钱，特别是铸黄金利润极大，逐利之徒趋之若鹜，更有人铸作假黄金。景帝中元六年（前144）十二月宣布：凡铸作假黄金者，弃市。但是铜钱仍放任私铸。

从高祖至文帝前元五年（前175），四次改革币制，重量时增时减。此时，货币听民私铸，钱币骤然大增，近乎泛滥，政府便宣布旧币作废，另发行新币。如此，国家虽然不垄断铸币，但可以进行一定的宏观调控。

武帝仍然用这一办法。建元元年（前140）春二月，下令销毁

四铢钱，另铸三铢钱。五年（前136）春，又罢三铢钱，新铸四铢钱。改来改去，只是加强一下宏观调控罢了。但从元狩四年（前119）开始的币制改革则另有一番新意了。

入元朔年间以后，国库空虚，财政缺口越来越大。兴修水利一时无法见效，卖官鬻爵又使服役者大减，劝民捐献没有人响应。到哪里去弄钱呢？武帝知道，他的臣民中有很多藏镪百万的豪富；而排行榜上最靠前的，又是那些富商大贾。他们多数乘汉初休养生息之机大发横财。武帝感到，征伐"四夷"，勘定边患，都是为了全体国民的利益。如今国难当头，那些富豪们却不愿拿出一点钱来以救国家之急，委实令人气愤。于是武帝决定采取币制改革，以此把富豪们的钱变成国家的钱。

元狩三年（前120）末，武帝便在未央宫前殿召集有关大臣商讨此事。改革的目的性十分明确，"更钱造币以赡用，而摧浮淫并兼之徒。"一是靠发行新币来解决当前财政困难，二是从富豪手中要钱。事实上，此二者是一回事。此时，深受武帝重用而参与决策的，是御史大夫张汤，张汤拿出了一个方案：制造皮币。经过商议，决定在皮币之外再造白金币和三铢钱。

皮币的材料是白鹿皮，一尺见方，边缘绣绘五彩，一张值40万。皮币明显是冲着王侯来的。朝廷规定，王侯朝觐，必须用皮币垫璧。也就是说，凡是王侯必须花40万钱从朝廷兑换一张皮币。每年正旦（正月初一），诸侯王、列侯都要朝拜祝贺皇帝，礼物旧用苍璧，仅值钱数千。现在垫上一张皮币，骤增40万钱。当时，诸侯王有18个，列侯201个。仅仅皮币一项，一年便从王侯那儿索取8760万钱。

白金币用银锡合金铸成，分为三品：上品重八两，圆形，龙

纹，面值3000万钱；中品重六两，方形，马纹，面值500万钱；下品重四两，椭圆形，龟纹，面值300万钱。

元狩四年（前119）年初，皮币、白金币和三铢钱正式同时发行。白金币和三铢钱在市场上流通。当时金和银、银和铜的比价，现在难以讲得详细。但是，有一点是可以肯定的：白金币与三铢钱的比价，不是按银铜的比价计算的。一枚四两的白金币值三铢钱300，四两银重55.68克，300钱重870克，银铜比价是1∶16。由此类推计算，六两的白金币面值500钱，银铜比价是1∶17；八两的白金币面值3000钱，银铜比价是1∶78。三者的比例不同，说明了白金币的通货膨胀性。

皮币、白金币以及三铢钱的发行，使朝廷大发"横财"。但"盗铸"不久也随之出现了。尽管在发行三币的时候，武帝曾经下过禁止私人仿造的命令，但是皮币、白金币的面值超过实际价值不知多少倍，巨额利润诱使一些人铤而走险。白金币的原材料是银和锡，少府有大量的银和锡，民间也很多。于是，盗铸白金币的难以计数，其中不乏达官贵人，甚至王侯。武帝下令杀了一批人，也没能制止。皮币的原材料是白鹿皮，白鹿只有皇上的禁苑中才有，民间无法盗作。但大农令颜异又对皮币的等值问题提出异议。他说：今王侯朝贺以苍壁，直数千，而其皮荐仅40万，本末不相称。他这话虽然迂腐至极。武帝造皮币，目的就是强取王侯们的金钱以解决眼下的财政危机，哪里管什么"本末相称"与否。当元狩四年令初下时，有人告诉颜异发行皮币有许多不妥之处，"异不应，微反唇"。造皮币是张汤提议的，而张汤又与颜异素来有隙。于是，张汤奏劾颜异身为九卿，见令不便，不明言而腹非，论死。此后始有腹非之法。这个事件恐怕事出有因。王侯

们深受皮币之"害",有苦难言。颜异的态度和言论,无论其主观动机如何,在客观上都是为诸侯王们张目的。颜异被杀后,再也没人敢对皮币提出异议了。

而三铢钱又太轻,周边又是平的,没有郭,盗铸者经常从三铢钱的背面磨下铜屑,再用来铸钱。三铢钱只发行了一年的时间,到元狩五年(前118)就无法再维持了。于是,在有关部门的建议下,武帝下令废止三铢钱,另铸五铢钱发行。五铢钱重如其文,周边隆起,即有周郭,中间方孔四周也隆起。这样,若再磨取铜屑,必先磨损隆起部分,这部分一磨损,钱就作废了。

然而,五铢钱刚刚发行,盗铸即随之蜂起,楚地尤甚。武帝拜汲黯为淮阳太守。汲黯非常不愿到外地做官,迟迟不肯接郡守之印。武帝多次下令,才勉强接受。"黯居郡如其故治,淮阳政清。"所谓"如其故治",即黄老无为那种方式,"治务在无为而已,引大体,不拘文法"。但只是个别郡国的铸钱之风得到遏制,从全国来看,盗铸极为疯狂。只一年多的时间,盗铸白金币和五铢钱被查获而处死者已达数10万人。武帝宣布,自首者可以免除死罪。结果,有100多万人自首。据武帝君臣估计,没有自首的至少还有200多万人。

元鼎二年(前115),在一些大臣的建议下,武帝又颁下诏令铸造"赤仄钱"。赤仄钱又名"赤侧钱",其廓是用赤铜铸的。一枚赤仄钱当五铢钱五枚。凡是交纳算赋、口赋,必须得用赤仄钱。汝南郡百姓不用赤仄钱为赋,太守、曲成侯虫皇柔被夺爵、判刑;元鼎二年(前115),坐为汝南太守知民不用赤侧钱为赋,为鬼薪。

武帝希望靠铸造难度大的赤仄钱来杜绝伪钱。同时,这无疑又是敛钱的方法之一。赤仄钱发行后,逐渐取代了白金币,人们

非常喜欢储存赤仄钱。为了维护白金币的信誉，官府曾经采取一些强硬措施，可是收效非常小。第二年，武帝不得不宣布废止白金币。不仅如此，如果赤仄钱大量发行，必然贬值。按规定一枚赤仄钱当五枚五铢钱，但发行不久就兑换不了五枚，有时兑换四枚，有时仅仅只能兑换三枚。且各地区、各时期的兑换比值也完全不一样。赤仄钱的发行造成了币制的更大混乱。这样就迫使武帝不得不采取新的行动，以遏制混乱。否则，币制改革不但不能解决财政危机，还将使眼下危机进一步加深。

元鼎四年（前113），武帝下令禁止郡国私铸钱，凡以前铸的钱一律销毁，把铜上交上林三官（上林苑是皇家宫苑，设有九官。三官是指均输、钟官、辨铜，主要担负金属制品的手工制造任务）。天下钱币皆由上林三官统一铸造，非上林三官钱不准流通。这样铸币权完全收归中央。贾谊当年的建议至此方得实现，宋人裴骃说："《汉书·百官公卿表》'水衡都尉，武帝元鼎二年初置，掌上林苑，属官有上林均输、钟官、辨铜令'，然则上林三官，其是此三令乎?!"今日仍有学者主张这种说法。实际上，三官之中，裴骃只说对了两个，即钟官、辨铜，另一官非均输，而是技巧。周明泰辑《再续封泥考略》卷一录有"技巧钱丞"封泥。陈直先生据此考证，技巧为上林三官之一，负责刻范；钟官，职司鼓铸；辨铜，负责原料，这应当是正确的。

考古工作者曾经在陕西户县兆伦村发现一处大型铸币遗址，这就是钟官遗址。在长安窝头寨、未央区三桥镇高低堡与好汉庙一带也发现西汉大型铸币遗址，研究者认为，这就是技巧遗址。上林三官归水衡都尉统一领导，而且分工明确，各司其职。

此次币制改革，是中国有史以来第一次将铸币权完全集中到中央。这样做的结果,一是政府把全国各地的铜材收归中央,堵塞了盗铸的材料来源;二是三官钱的名义重量与实际重量完全一致,盗铸无厚利可图;三是制作技术高,质量好,私人没有能力盗铸。从此以后,盗铸之风大为减少,朝廷基本上能够控制货币的铸造与发行。

据史载,自惠帝二年(前193)至元鼎四年(前113)八十年的时间里,钱法变更了九次,最后才稳定下来。五铢钱自汉武帝元狩五年(前118)开始铸造,到汉平帝元始元年至五年,约123年,成钱280亿万,平均每年铸钱2440枚左右。从此之后,"五铢"这个铜钱分量,大抵为后代所遵守,一直延续到1920年前后、铜元完全代替铜钱在市场流通时为止,前后达2040年左右。五铢钱轻重合宜,质量较高,从汉朝到隋朝,基本上通用不废。历史证明,五铢钱有很强的生命力。铸币权集中到中央,币制统一,这样不仅有助于解决财政困难,稳定经济;而且极大地限制了地方上的分裂割据,有利于社会经济的发展和统一的中央集权的巩固。

太始二年(前95)三月,武帝又颁诏下令铸黄金币为官用通货。新黄金币统一按所获白麟和天马蹄形铸造,称为麟趾金、马蹄金。从1978年5月在咸阳出土的麟趾金和马蹄金来看,重量约一斤上下,含金量均为98%。麟趾金蹄形中空,底部呈椭圆形,底面凹进7毫米,前部向上收缩成斜面,后部较低,有小孔与顶上椭圆形大孔相通。马蹄金呈马蹄形,内部中空,底部椭圆,中央凹进2~4毫米,向上收缩成斜面,并有椭圆形小孔与顶部椭圆形大孔相通。这两种金币只是官用通货,不在市面上流通。币制改革虽然搜刮了大笔金钱,统一铸币后对稳定经济也起了极其重

要的作用。但是，仍不能从根本上扭转财政危机的局面；且币制改革的利益还被富商大贾所分割，他们也乘此机会捞了一把。因此，武帝决定直接向富商大贾要钱。于是，就有了算缗和告缗。

五、重视发展农业

勤劳勇敢的中国人民，从距今七八千年的新石器时代起，便在祖国的土地上辛勤地耕耘，发展农业生产。早在秦、汉以前，农业就脱离了粗耕阶段。到了秦、汉时代，农业生产技术有了更大的发展。到汉武帝时期，农业生产技术更是突飞猛进，无论是生产工具的改良，耕作方法的改进，还是水利事业的开发，都出现了前所未有的进步。武帝宏伟的"文治武功"事业，是在残酷压迫和剥削农民血汗劳动的基础上建立起来的，但是他在总体上顺应了封建社会的发展趋势，借助于专制主义的政治制度，在组织和发展汉代农业生产方面，是起了重大作用的。中国古代农业史上的这次革命，出现在汉武帝时代，是历史发展的结果，也是同汉武帝的个人作用分不开的。

1. 瓠子之歌

元光三年（前132），当时才24岁的汉武帝，刚办完贤良对策、独尊儒术这件大事，正准备大举反击匈奴的骚扰时，大自然向他挑战了。

这年五月，告急文书雪片般飞到他的御案上来："黄河决口

于瓠（hu）。"瓠子是一条河流的名字，它自今河南濮阳分黄河水东出，经山东鄄（juan）城、郓（yun）城、梁山、阳谷，至阿城、茌（chi）平，东入济水。这年，黄河水格外狂暴不驯，激流冲破了瓠子附近的大堤，经东南注入兖（yan）州的钜野泽（在今山东钜野县北，已涸），再通往淮河、泗水后入海。遭受水灾的有16个郡，无数的良田被淹，庄稼被毁，人或为鱼鳖。汉武帝立即命令大臣汲黯和郑当时，组织大批人力堵塞决口。好不容易才堵住，可是不久，被堵住的决口再次被汹涌的浪涛冲毁。这时，武帝的母舅、丞相田蚡前来求见。此人私心极重，他的封邑在鄃（shu，今山东平原县西南），这个地方处于黄河北岸。黄河在南岸的瓠子决口，北边的鄃就决不会再遭受水淹。这样，田蚡的赋税收入也就有保证了。出于这种损民利己之心，田蚡对武帝说："江河决口是天意，不是人力所能堵塞的。硬堵决口，将要违背天意。"武帝对上天非常敬畏，加上那些占卜望气的方士也都这样说，他也就不再下令堵塞决口了。这样，黄河瓠子决口20多年，沦为黄泛区的大片地区，从昔日的膏腴良田，变成芦苇丛生、水鸟栖息、野兔出没的泽国荒滩，严重地影响了国计民生。武帝虽然迷信，最后却不得不屈服于现实社会的压力。他决定向黄河应战了。

元封二年（前109）四月，和煦的春风吹绿了大地，黄河瓠子决口处人山人海。被征发来的几万名士卒，在治河官汲仁、郭昌指挥下，夜以继日地挑土担石，紧张地进行艰难的堵决工程，可是成效甚微，黄河水依然桀骜不驯。消息传到了正在万里沙（今山东掖县东北）巡行的汉武帝那里。这位当时已47岁的皇帝，顾不上鞍马劳顿，率领着群臣百官来到瓠子决口。面对着浩浩荡荡的黄河水，武帝虔诚地默祷，下令牵来一匹白马，取来一对洁白

汉武帝

的玉璧，投入大河的激流之中，表示对河神的敬意。武帝沉吟片刻，写下了著名的《瓠子歌》：

瓠子决兮（xi）将奈何？皓殚（dan）为河。
殚为河兮地不得宁，功无已时兮吾山平。
吾山平兮钜野溢，鱼弗郁兮柏冬日。……
皇谓河公兮何不仁，泛滥不止兮愁吾人！……
河汤汤兮激潺湲，北渡回兮迅流难。
搴（qian）长茭兮湛美玉，河公许兮薪不属。
薪不属兮卫人罪，烧萧条兮噫乎何以御水！
隤（tui）林竹兮揵石菑（zi），宣防塞兮万福来。

汉武帝非常感慨而又虔诚地祷告祈求：河公啊河公，你为何没有仁爱恻隐之心？你不断地泛滥成灾，使我竭尽了思虑而无能为力。他诚挚地请求河神，赶快让黄河水停止咆哮。他告诉河神，我已投玉沉水，杀马祭河，希望河水宽恕这一带居民的罪过，赐予我们万福。

为了堵决成功，为了感动河神，汉武帝命令官自将军以下全部参加堵塞决口的工程。他们和士卒一起，先用树干减缓决口处河水的流速，然后在交叉纵横的树干间用茭草（喂牲口的草）塞牢，再投以土石。这样前赴后继，逐步控制住水势，直到最后堵住了决口。这是一场人与大自然的激烈战斗。当地的树干、柴薪很快用完，堵决如救火，武帝下令把附近离宫淇园里的竹林全部砍伐，以代树薪。群臣百姓为这一行动所感动，人心大振，更加奋勇地投入了对洪水的斗争。在武帝亲自指挥下，奔腾咆哮的黄河水终于被制服。经受了20多年水淹之苦的广大地区，消除了水灾。武帝显得非常兴奋，眼望东流而去的黄河水，认为是自己的

虔诚感动了河神。于是下令,在瓠子合垄处的大堤上,建造一座宫殿,赐名为"宣防"。这殿名来自《瓠子歌》中的一句:"宣防塞兮万福来",含有防范洪水、祈求万福之意。

水利是农业的命脉。汉武帝亲自关心的瓠子堵决的成功,给全国树立了一个防治水害、开发水利的典范。武帝的水利政策,是漕运与灌溉并重。他要求每项水利工程,都尽可能做到既利于运输,又便于灌溉。在他的直接关心下,全国各郡县都十分注重水利建设。汉武帝时期,掀起了我国历史上少有的兴修水利的高潮。沿黄河的朔方(今内蒙古河套西北及后套地区)、西河(今内蒙古伊克昭盟东、山西吕梁山西、陕西宜川以北黄河沿岸地区)、河西(今河西走廊与湟水流域)、酒泉(今甘肃疏勒河以东、高台县以西地区)等郡县,都引了黄河水或川谷的水流,来灌溉农田。关中地区的灵轵(zhi)渠、成国渠、汸(wei)渠,是利用附近的河道或引附近的山谷水,开挖成功的。汝南郡(今河南颖河、淮河之间,安徽茨河、西淝河以西、淮河以北地区)、九江郡(今安徽淮河以南、瓦埠湖流域以东、巢湖以北地区)引淮河水灌溉,东海郡(今山东费县、临沂,江苏赣榆以南,山东东枣庄,江苏邳县以东和宿迁、灌南以北地区)引钜定泽(在今山东广饶县北,今名清水泊)的水源灌溉,泰山郡(今山东淄博、长清南,肥城东,宁阳、平邑北,沂源、蒙阴西地区)引汶水灌溉。不仅内地郡县凿渠引水,尽量利用江河湖泽之水灌溉田地,边远郡县也开渠掘沟,用来发展边疆经济,巩固国防。例如,从朔方郡以西直到令居(今甘肃永登西北),也开凿了许多渠道。张掖郡(今甘肃永昌以西、高台以东地区)开有千金渠,敦煌郡(今甘肃疏勒河以西及以南地区)有龙勒、氐置水灌溉民田。其他引山谷之水、

河道之流为小渠的,多得数不清。从内地到边疆,到处"通沟渠,畜陂(bei)泽",形成古代兴修水利的高潮。

在众多的水利工程中,长安附近的漕渠、龙首渠、六辅渠、白渠,是最为著名的。

漕渠是大农官郑当时建议汉武帝开凿的。以前,从关东(函谷关以东地区)漕运到京城长安的粮食,是从渭水运来的。渭水的水道长900多里,要花六个月时间才能运到。郑当时上书汉武帝,建议说:"从长安城郊引渭水,沿南山(秦岭)下行,至黄河,只有300余里,又是直线,漕运三个月就可以运到;同时,沿渠的万余顷民田又可得到灌溉。此渠开成,既省运费,又可肥沃关中田地,增收粮食。"武帝很赞成这个建议,立即命令齐人水工(治水工程师)勘察河道,竖立标记,征发士卒几万人开挖漕渠。3年后,渠道开通,在漕运、灌溉两方面都获得很大的经济效益。

龙首渠是一个叫严熊的人建议开凿的。当时,长安附近临晋县(今陕西省大荔县)的百姓,希望能够引洛水灌溉重泉(今陕西省蒲城县东南)以东产量不高的田地。如果引水成功,每亩地可产谷10石。汉武帝批准了这个计划,征发士卒万人开凿河道。当渠道开凿到征县(今陕西省澄城县西南)附近的商颜山下时,碰到了意外的困难。这一带地质条件差,开好的河岸往往坍塌。劳动人民想出一个绝妙的办法:在河道上连续凿井,井深达40多丈,井下流水相通,河水从地下流过十几里,到达目的地,成为奇特的人工地下河。这就是著名的"井渠"。由于开渠时发现"龙骨"(古生物化石),因此名之为"龙首渠"。龙首渠是汉代水利工程中的一个创举,是汉代劳动人民聪明才智和辛勤劳动的结晶。

元鼎六年（前111），兒宽（兒同倪）任左内史（掌管京畿的地方官），奏请开六辅渠。这条渠计划开凿在秦代完成的郑国渠的旁边。既然有郑国渠，为什么又要开这条渠道呢？这是因为，郑国渠开凿136年来，上游南岸的农田由于地势较高，始终得不到灌溉。为了解决这个问题，由泾水开始，增开六条小渠，下接郑国渠。这样，高地的农田都能得到灌溉了。由于是六条辅助的小渠，故称六辅渠，也称六渠或辅渠。汉武帝也批准了这个计划。工程完成后，他下令说："农为天下之本。有泉流灌溉，才能生育五谷。左、右内史（秦代京畿附近由内史治理，以官名为政区名，不称郡。辖境相当于今陕西关中平原。西汉汉景帝时，为左、右内史。汉武帝时又分左、右内史为京兆尹、左冯翊、右扶风三个相当于郡的政区，有时还用"内史"的称呼）地方，名山河川众多，应当充分加以利用。在这里通沟渎、蓄水源，可以预防旱灾。内史（今陕西关中平原）一带，稻田田租太重，要酌量减低。官吏百姓应当努力务农，发挥土地潜力，均平使用水源，勿失农时。"这个诏书，表明了武帝对农业的高度重视，也说明了他注重开发水利的原因。

2. 赵过"代田"

征和四年（前89），汉武帝在他67岁的晚年，向天下发布诏书说："方今之务，在于力农。"号召全国官吏和百姓，要把注意力集中到农业生产上来。"农为天下之本"，这是武帝接受前人经验和自己长期统治的认识。他在位54年，不停地大事兴作，耗掉农民无数血汗，也有不少教训。但他在总体上遵循并实行了"农为天下之本"这个原则。征和四年（前89），他任命著名的农学家

赵过为搜粟都尉，任务是管理农业生产技术，提高粮食产量。赵过总结劳动人民的经验，提出了一种叫"代田法"的新耕作方法，得到武帝的充分肯定，下令先在京师附近试行，然后逐步推广。

"代田法"首先在三辅（太初元年，以原来的左右内史、主爵都尉改置为京兆尹、左冯翊、右扶风三个相当于郡的政区，辖管京畿地区，合称"三辅"。治所在长安市）地区的公田上实行，后来又在河东（今山西省西南部）、弘农（治所在今河南灵宝北）三辅等地的民田上推广。赵过的代田法，是对中国古代轮耕方法的改进和发展。中国古代的土地，在地力（土地肥力）竭尽以后，即行休耕。肥力好的上等田休一年，中等田休二年，下等田休三年，听任土地生长荒草，称为"莱"。这种休耕法是对土地利用的极大浪费，严重妨碍农业生产的进行。赵过通过深入调查研究，总结了农民在小块土地上轮种的生产经验，改进了原来大片休耕的落后方法。代田法是这样的：把每一亩土地（汉制横一步、纵二百四十步为一亩）分成六份，三份为甽（zhen），三份为垄（long），甽和垄间隔排列。甽是低的，垄是高的，甽和垄都宽一尺，而甽比垄深一尺。春天耕种时，播种于甽中。发苗后，将垄边的杂草除去，并翻松泥土，用以埋盖甽中的苗根。到了夏天，垄土削平而苗根已深，可以增强作物抗风和抗干旱的能力。今年播种甽，明年便调整为垄。这样，每年甽、垄互相调换轮种，就不必把整块土地完全休耕。这种轮种法，巧妙地把大片土地休耕改变为小范围休耕，而且由于土地经常翻动，土质松软，耕地时铁犁入土较深，真正做到了深耕细作，非常有利于谷物生长。过去大田不分甽，叫做缦（man）田，这种整块土地只能粗耕，灌水、排水都不方便，产量很低。现在分成甽和垄，土地必须精耕

细作。合计下来，花的劳动量和谷物的收获量，远较缦田粗耕、大田休耕合算得多。精耕细作的结果，每亩土地谷物的收获量比过去增加了一斛（hu，十斗），甚至二斛以上。广大农民深深体会到"代田法"的好处，都说："用力少而得谷多"。于是，一传十，十传百，这种新耕作法很快在各地得到了推广。

农业生产工具也得到了改良。中国古代长期使用的主要农业工具是耒耜（lei si）。耒耜为木器，操作用人力，既累又慢，大大限制了生产的发展。为了配合代田法的实行，赵过创制了两种新的农具，耕地用的耦犁（ou）和播种用的耧车（lou）车。汉武帝命令大农官专门集中一批有技术的手工业奴隶和工匠，日夜不息地制造这种新式"田器"。耦犁和耧车在使用时可以结合在一起，耦犁上装置一个漏斗，内盛谷种，耧斗下面有空隙，通向下方。耕种时，犁头向前，铲开土壤，同时摇动耧斗，种子就均匀地洒落在耕过的泥土中。这是一种耕、播结合的复合农业机械。现在看来很简单，但在两千年前，却是个了不起的发明。这种新式农具，使用起来又轻巧又便利，生产效能很高。由于是新农具，用惯了耒耜的农民不习惯使用，需要给传授新的操作方法。日理万机的武帝，对这个具体问题也考虑到了。他给级别二千石的地方官下了诏令，指示他们组织各级地方官，会同农村基层组织的乡官三老、力田、里父老等人，学习使用这种新农具。农忙季节来到之前，在三辅附近和全国主要农业耕作区，经常可以看到地方官组织各地乡官下田学习耕种。他们学会了，再传授给农民，从而掀起了学习新技术、使用新工具的热潮。由于推广了新工具、新技术，平均一个农民用耦犁一日可耕地五顷；耦犁耧车并用，一日可耕种一顷，大大提高了劳动生产率，促进了农业生产的发

展。加上铁制工具在农业生产上的推广使用，汉代的农业生产便出现了一次巨大的革命，对当时和以后农业生产的发展，起了不可估量的作用。

生产工具的改进，使牛耕也得到比较普遍的使用。耦犁是使用牛力的，中国早在春秋时代已开始用牛耕地，西汉时使用牛耕的地区，已不止中原地区，西北边疆地区也有用牛耕的。汉武帝开发西北边疆时，迁徙百姓到边地屯田，就由官府给以铁犁和耕牛。西北有很多人养牛，或者用来耕地，或者用来拖车。武帝南征北伐，有很多耕牛被征为军用。他的小舅子李广利两次远征大宛（今苏联中亚费尔干纳盆地），就带去耕牛十万头。要解决粮食问题，除了改进生产工具和耕作方法，还要解决生产动力的问题，完全靠人力是不够的，必须提高牛耕水平，普及牛耕。但是，由于当时战争频繁，耕牛减少，有些地方又出现了以人力挽犁的情况。赵过根据当时的实际情况，提出新的牛耕方法，即用合作的方式，三人共用二犁二牛。办法是：二牛三人为一组，二人执犁，二牛各挽一犁，一人在前引牛前进。这样，节省了牛力、人力和工具，而耕种面积并不减少。

在无牛或少牛的地方，当然只好用人力挽犁。有个平都县（今西安附近）县令名光，向赵过建议，相互借用人力来挽犁，可以不误农时，及时耕田播种。这样，多的每人平均可种30亩，少的也可种13亩。赵过觉得这个建议很好，向汉武帝奏请任命平都令光为丞，作为自己的助手，得到武帝批准。

汉武帝时期农业生产突飞猛进地发展，是我国古代农业生产的一次革命，也是汉帝国强盛的基础。西汉劳动人民用他们的汗水和智慧，为建造汉帝国的强固基础，开凿了无数的磐石。以赵

过为代表的农学家,在总结人民群众生产经验的前提下,加强了农业生产技术发展。武帝在这场农业生产革命中,起了组织作用。在劳动人民创造的雄厚物质基础上,汉帝国的无数英才,又创建了光辉灿烂的文化殿堂。

六、稽古礼文

　　如前所述，汉武帝时代，是我国封建文化高度发展的时代。封建大一统的政治局面，相对稳定的社会环境，雄厚的物质经济基础，给封建文化的发展和繁荣，创造了极为有利的条件。汉高祖刘邦在秦、汉之际的战乱之后，主要是完成了拨乱反正的历史使命；"文景之治"的休养生息政策，以恢复被战乱破坏的社会经济为主要任务。至于"稽古礼文"的事，即如何总结古代文化，发展科学文化事业，他们都没有来得及做。时代赋予武帝得天独厚的条件，使他有可能在前人的基础上，大力发展科学文化事业，选拔、培养封建王朝所急需的科学文化人才，从而涌现出一批杰出的科学家、文学家和史学家，使西汉王朝成为我国古代文化史上一个雄伟壮丽的高峰。

1. 文治焕然

　　如上所述，汉武帝是个有高度文化素养的皇帝，从小就接受了很好的文化教育，对文学艺术和其他文化事业，有浓厚的兴趣。他登上皇帝宝座以后，就把以儒家思想为核心的文化建设，作为他的"文治"事业的重要内容。他懂得，要以儒家思想巩固汉帝

国的封建统治，真正实现儒术独尊，就必须培养大批具有儒家思想的知识分子。当时自己就是青年知识分子的汉武帝，采纳了董仲舒的"兴太学，置明师，以养天下之士（知识分子）"的建议，在建元五年（前136）就诏令设置五经博士，建立太学，由博士教授儒家经书。同时，他还认为，要读书就得有书。汉武帝是个酷爱文化典籍的人，他非常重视搜集图书典籍。由于秦始皇焚书坑儒，古代流传下来的文献图书受到严重损耗，社会上流传的图书很少，私人藏书也不肯拿出来。汉朝初年曾下诏令，广事收罗书籍篇章，广开献书之路。但直到武帝时，收到的图书还是不多，而且，不是文字缺少就是竹简脱漏。有一次，武帝在皇家成书处，看到这些费了很大劲才收集起来的零乱散落的竹简，喟然长叹了一声，说："朕真痛心啊！"他下决心要把经过秦火燔余的古代文化典籍，尽可能地搜集、整理、保藏起来。他向全国下命令，继续在各地征集图书。同时，在太常府、太史府和博士官办公地点建设藏书楼，在皇宫内增辟延阁、广内、秘室府等藏书楼，专门保管、整理搜集来的图书。他还下令设置抄写图书的专职官员，翻抄包括经书和诸子百家在内的图书典籍。在武帝的直接关心和支持下，国家搜集的图书一天天多起来。每当收到一种好书，送给武帝省阅时，他都十分高兴。在保存、整理和流传古代文化典籍方面，武帝有远见、有魄力，作出了巨大的贡献。在他以后，历代皇帝继承了他的工作，继续搜集整理图书。司马迁如果没有太史府"石室金柜"收藏的大量图书资料，是不可能写成《史记》这样纵览天下古今的大书的。西汉末年、东汉初年，刘向、刘歆（xin）父子相继完成的图书目录学著作《七略》，《别录》就是以汉武帝时期开始搜集的图书为基础，整理、编写出来的。它第一

次汇总了我国古代学术著作的内容。我们今天还能看到的东汉班固写的《汉书·艺文志》，就是根据《七略》写成的。后人不能不感谢武帝对搜集、整理、保藏和流传我国古代文化典籍的功勋。

2. 汉赋的成就

汉武帝重视文化典籍，更重视文化人才。在他的时代，涌现出一批著名的文学家、史学家和科学家，组成了灿烂夺目的瑰丽星座。许多著名的文人学士，是被他发现或提携的。不少重要的科学文化领域，是由于他的重视和支持才结出丰硕成果的。汉赋的成就，在当时的文化收获中最为辉煌夺目。

赋，是从骚体演变而来的散文和韵文并用的文体。赋的成就，也继承了先秦诸子散文巧文多智的特色。汉赋，当时是文学的主流。《汉书·艺文志》著录文学成就"诗赋百六十家，千三百一十八篇"中，有"屈原赋二十五篇"等"赋二十家，三百六十一篇"，"陆贾赋三篇"等"赋二十家，二百七十四篇"，"孙卿赋十篇"等"赋二十五家，百三十六篇"，"《客主赋》十八篇"等"杂赋十二家，二百三十三篇"。总共多达78家，占诗赋总和的73.58%。篇数合计多至1004篇，占诗赋总和的76.18%。其中除个别先秦和"秦时"的作品外，其他均为西汉作品。

西汉早期的赋，如贾谊的《吊屈原赋》等，都是借物抒怀，意境深沉。枚乘的《七发》，开汉武帝时代长篇赋的先河。

汉武帝时期，赋的创作走向了全盛阶段，名家名作迭出。其中最为著名的就是大文学家司马相如，他和汉武帝是同时代人。有一次，爱好辞赋的武帝读到一篇《子虚赋》，那和谐的音调，华丽的辞藻，奇特的构思，令这位皇帝击节称赏，赞不绝口。看作者大名，是"司马相如"，但不知他是什么时代的人。他感慨地说："朕贵为帝王，可惜不能与此人同时啊！"这话被武帝身边管猎犬的侍从杨得意听到了，杨得意和司马相如是同乡。他叩见武帝说："臣的同乡司马相如说，此赋是他写的。"武帝惊喜过望，立即召见。司马相如不远千里，从成都跋山涉水，来到京城。武帝礼遇有加地接见了他。问起《子虚赋》，司马相如回答："是臣所作。然而这是写诸侯的事，不足称道。臣今日要为皇帝写一篇游猎辞赋。"武帝是个田猎迷，很想看看司马相如怎样描写狩猎的激烈而雄伟的场面。司马相如挥笔疾书，洋洋洒洒，写下了著名的《上林赋》。他以夸张的手法、光华的文采和丰富的语汇，描写了宫苑的富丽，田猎的欢乐，又暗寓讽谏之义。可是，武帝被这篇华丽的辞赋迷住了，根本没注意到什么讽谏之义。他读后十分高兴，立即任命司马相如为郎官。方铭先生在分析汉赋的文化内涵和艺术风格时，强调其色彩特色，有"色彩绚烂，气势雄奇，醉人心魄，迷人魂梦"，"绚丽而不失深沉"等评价，称赞其"鲜明而丰富的色彩夺人目精"。在对汉赋的典范进行讨论时，又有"形象生动"的"彩色的骚体句式"诸语。汉赋的华丽风格，是和当时社会文化的主流气象相一致的。

在汉武帝的提倡下，汉赋大盛。文学侍从之臣，朝夕论思，时时献纳；连那些饱食终日、无所事事的公卿大臣，也常常写几篇，以充风雅。一时之间，赋家蜂起。司马迁、枚皋（gao）、东方朔、朱买臣、淮南王刘安的群僚等，写了许多华美多彩的辞赋。

枚皋是汉初辞赋家枚乘（他的代表作是《七发》）的儿子。他同梁共王刘买的僚属发生争执，因而获罪，家产被没收，无法生活，流亡到了长安。正碰上朝廷下大赦令，枚皋借此机会给汉武

帝上书，说自己是枚乘的儿子，希望得到帮助。武帝听说是大辞赋家枚乘的后代，立刻召见，命他在自己身边待诏。枚皋当即在殿中作赋一篇，武帝读了很高兴，让他在宫内平乐馆专门写赋，后来又拜为郎官。武帝29岁生了皇太子刘据，高兴得不得了。枚皋和东方朔分别写了《皇太子生赋》和《立皇子（禖 mei，高禖，求子之神）祝》，向武帝表示祝贺，武帝更加欢喜这些辞赋家。以后，武帝在巡狩、封禅、堵决黄河、游幸时，只要兴致所至，就叫枚皋作赋歌颂。枚皋落笔很快，每接到命题，不多久就写成，"曲随其事，皆得其意"，作的赋很多。但他自己承认辞赋写得不如司马相如好，虽然司马相如写得比他慢。武帝自己也写了不少赋，如《悼李夫人赋》《秋风辞》《落叶哀蝉曲》《瓠子歌》等。

3. 乐府诗与音乐家李延年

汉武帝不仅喜欢文学，也酷爱音乐。汉高祖刘邦平定天下，做了皇帝，衣锦回到故乡沛县（今江苏沛县）同故人父老饮酒作乐，写下了著名的《大风歌》，命当地儿童120人学习、歌唱。这个激动人心的场面，使武帝非常向往。他在搜集古代文化典籍的同时，也非常重视民歌的搜集和整理。乐府，这个历史上著名的国立音乐机构，就是武帝命令建立的。乐府有专职人员，任务是到全国各地采集百姓歌谣。古代赵国、代国、秦国、楚国各具地方特色的民歌，因此得到全面的搜集和系统的整理。《汉书·艺文志》里，记载了吴、楚、汝南歌诗十五篇；燕、代、雁门、云中、陇西歌诗九篇；邯郸、河间诗四篇；齐、郑歌诗四篇；淮南歌诗四篇；左冯翊秦歌诗三篇；河南周歌诗七篇等等。其中很多民歌是在汉武帝时期由乐府搜集、整理的。这些民间文学宝藏，经乐

府的专职人员加工、提炼后，文学性和音乐性都大大提高，成为著名的乐府诗，充实了汉代的诗坛，开辟了中国诗史的新局面。

汉武帝不仅创设了乐府这个管理音乐（包括民歌）的专门机构，还设置了专管音乐事务的官吏，任命著名的音乐家李延年为协律都尉（"协律"就是调谐音律的意思）。李延年是中山（今河北定县）人，本人和父母兄弟都是以歌舞为职业的"故倡"（乐人），社会地位很低。后来，李延年不知因何事犯罪，受了腐刑（割去睾丸），被派入皇宫，管理皇家养的狗。武帝知道李延年出身于音乐舞蹈世家，"性知音，善歌舞"，对这个刑余之人倒也蛮喜欢。李延年也曲意奉迎，以讨得武帝的欢心。李延年每作成一支新曲，演唱后，听的人包括武帝在内，无不动容。有一次，李延年为武帝献舞，边舞边唱道"北方有佳人，绝世而独立。一顾倾人城，再顾倾人国。宁不知倾城与倾国，佳人难再得！"武帝被这首动听的歌曲感动了，说："好啊！世上真有此佳人吗？"后来才知道，李延年有个能歌善舞的美丽的妹妹，武帝召见她，果然是天姿国色，歌喉悦耳，舞姿动人。武帝马上把李延年的妹妹纳为妃子，这就是李夫人。李延年也因此成为皇亲国戚。当时，还有音乐家张仲春协助李延年管理音乐事务，有丘仲造笛，作为协律的乐器。武帝每读到一篇喜欢的辞赋，就叫李延年配上乐谱，"以合八音之调"。李延年也承意谱写了许多"新声曲"。汉代著名的《郊祀歌》十九章，就是由于李延年谱曲而流传下来的（今有词无曲）。有一年正月，武帝和群臣在甘泉宫的圜（huan）丘上，用乐舞祭祀天帝。70名童男童女同声歌唱庄严动人的颂歌，从黄昏一直唱到天明。夜空中不时闪过陨星的光辉。武帝以为这是神光照耀祠坛，是天帝对他的感召。他虔诚地在竹宫（用竹子建造

的便殿)里遥望参拜。动人的颂歌声使他和百官肃然动心,无限虔敬。武帝十分迷信,把音乐和神权联系在一起,但是由于他对音乐歌舞的重视和提倡,汉代的音乐事业发展到一个很高的水平。

4. 司马迁与《史记》

著名的大史学家、文学家司马迁,也是汉武帝的同时代人。司马氏从周代开始,就世代充当王室的太史,掌管文史星卜。司马迁的父亲司马谈,是武帝的太史。司马谈非常博学,精通天文、《易》学、黄老学。生于太史家的司马迁,从小所受到的教育和耳濡目染,使他对文史星卜之学有浓厚的兴趣。他非常好学深思,也有过生产劳动的实践经验,10岁以前曾学过耕地和放牧牛羊。20岁以后,他南游江淮,登会稽山,访问大禹陵,又去楚地,攀九嶷山,浮舟沅水、湘水之上,再北上齐鲁,观孔子遗风,在孟子故乡邹县峄山观看古老的乡射之礼……壮游使他开阔了眼界,增长了见识。回到长安后,武帝对这个广阔博识、学问丰富的青年人,十分重视,任命他为郎中,让他带着皇帝的命令出使巴蜀,到达今天昆明一带大西南地区。读万卷书,行千里路,奠定了司马迁以后著书立说的厚实基础。

司马谈因为未能跟随汉武帝参加泰山封禅大礼而忧郁成病,临终前他难过地对司马迁说:"我死以后,你必为太史。做了太史,莫忘了我的遗愿。今大汉兴盛,海内一统,上有明主贤君,下有忠臣义士。我身为太史,而未能记载,愧恨不已。你一定要记住,完成我未竟之业!"司马谈死后,司马迁继任父职为太史。他读遍了皇家藏书处"石室金柜"收藏的文史经籍、诸子百家。五年以后,他以太史令身份和太中大夫公孙卿、壶遂一起,参加

了太初元年（前104）的历法改革。这都说明，武帝对他的才能是很重视的。天汉二年（前99），李陵被匈奴大军围困，力竭粮尽而投降。消息传到长安，武帝大怒。朝廷的文武百官，都大骂李陵投降可耻。司马迁不作声。武帝问他有什么意见？书生气十足的司马迁，直言不讳地说："李陵转战千里，矢尽道穷，古代名将也不过如此。他虽然投降，尚属情有可原。臣以为，只要他不死，他还是会效忠汉朝的。"盛怒中的武帝，听了司马迁的这番话，认为他是为李陵辩解，是在故意贬低当时正在打匈奴而很不顺利的李广利（汉武帝的小舅子），于是命令把司马迁拖下去，施以残酷的腐刑。伤残肉体的酷刑，不仅使司马迁受到剧烈的肉体痛苦，更使他的精神遭受严重创伤。年已48岁的司马迁想自杀，但他想起了父亲的遗言，终于以惊人的意志忍辱负重地生活下来，发愤要完成父亲的未竟之业，专制的武帝对司马迁的才能还是爱惜的，后来又任命他为中书令。这是一个很重要的职务。身心备受摧残、忍辱含垢生活的司马迁深知，"人固有一死，死有重于泰山，或轻于鸿毛"。他决心以残烛之年，完成父亲要他完成的史书，"欲以究天人之际，通古今之变，成一家之言。"让这部书流传下去。到那时，即使万死，也无悔恨了。经过二十多年夜以继日的努力，司马迁终于完成了这部由十二本纪、十表、八书、三十世家、七十列传（"本纪"记帝王，"世家"记诸侯，"表"记时事，"书"记制度，"列传"记人物，是一种史学体裁，简称为"纪传体"。"正史"、"二十四史"中的二十三史都沿袭了《史记》创造的纪传体）组成的《史记》一百三十篇。《史记》写成后，当时未能公布，因为司马迁对武帝的记载，是不那么恭敬的。因此《史记》里的《孝武本纪》没能传下来。今天《史记》里的《孝武

本纪》是汉朝元、成间一个叫褚少孙的博士补写的。司马迁死后，《史记》开始流传。汉宣帝时，司马迁的外孙杨恽公布了这部书。

《史记》是一部伟大的史学著作。它的产生，不完全是司马迁个人遭遇的产物，也是汉武帝时期封建大一统帝国建立后，总结以前历史的产物。没有汉武帝时期政治、经济和文化的发展，就不可能产生司马迁这样伟大的史学家，不可能产生《史记》这样伟大的史学著作。如果说，在秦、汉封建专制主义统一帝国建立以前，曾产生了孔子、左丘明这样的史学家，出现了《春秋》、《左传》这样的历史著作，那么，只有在秦、汉封建制度建立并得到巩固的历史条件下，才能出现司马迁这样伟大的史学家，出现《史记》这样伟大的历史著作。自从司马迁著《史记》，中国才开始出现规模巨大、组织严密的历史著作。武帝残酷地惩处司马迁，表现了这位封建专制帝王的暴虐本性；武帝也重用了司马迁，发挥了他的才能，支持了他的工作，让他有可能以近20年的时间完成这部著作，又表现了武帝的远见卓识。

5. 落下闳与《太初历》

汉武帝时期，历数学取得了巨大的进步。历数学和农业关系很大，西汉是农业大发展的时期，农业的发展，促进了天象学、历数学的发展。国家把观天象、授时刻，看成是重要的国政，因为没有准确的年、月、节气，就要影响农业生产的正常进行。中国古代农业发展很早，因此很早就有历法。古代就有所谓"六历"（黄帝、颛顼〈zhuan xu〉、夏、殷、周、鲁六历）。秦始皇时采用颛顼历，这种历法虽然在六历中还比较准确，但由于推算不太精确，行用一百多年以后，误差就很大了。朔日（农历每月初一）、

望日（农历每月十五）的推算时间与实际不符，月亮的弦（农历初七、初二月亮缺上半，叫上弦；二十二、二十三月亮缺下半，叫下弦）望（十五）、满、亏，推算和实际状况，出入很大。必须重新测算历法，使它合乎天象。这一重大问题，被提到汉武帝面前。

元封七年（前104），太中大夫公孙卿、壶遂和太史令司马迁上书汉武帝，建议修改历法，以改正朔（一年第一天开始的时候）。武帝很重视这件事，三次下诏，命令司马迁、星官射姓、历官邓平和专家20余人，重新议造历法。在专家中，天文学家唐都（祖先是楚国史官）、历数学家落下闳（hong，巴郡[今四川旺苍、西充、永川、秦江以东地区，治所在江川、今四川重庆嘉陵江北岸]隐士）是主要的造历者。这批专家通力合作，反复计算、选择，终于在这一年的五月造成新历，这就是著名的《太初历》（又称《邓平历》《三统历》）。武帝收到新历法后，改元封七年为太初元年，改以正月为一岁之首（原来的秦历以十月为一年之始），同时下令废去不合用的17家历法。新历法一岁（年）的日数是365.2502天，一月的日数是29.53086天，是当时最先进的历法。武帝令宦官淳于陵渠按照《太初历》观察晦朔弦望，淳于陵渠在某月中旬的日落月升之时，仰观天空，只见"日月如合璧，五星如联珠"，与计算结果分毫不差。武帝对新历法非常满意，下令行用新历，并封领导造历有功的邓平，为太史丞。《太初历》根据据天象实测和历代史官的忠实记录，得出135个月的日食周期。有了这个周期，历数家就可据此校正朔、望，日食现象不再是可怕的天变，而成为可以预先测算的科学知识了。这在当时是了不起的发现。司马迁的《史记·历书》里，详细记载了《太初

历》的观测法和计算法。

汉武帝实行历法改革，主观上同他相信儒家的"改制"理论有关。按照"改制"理论，人世间是按照五行（木、火、土、金、水）相生相克的顺序，来安排历代王朝兴亡次序的。但是在客观上，这次历法改革的意义很大，它推动了历法的进步，促进了科学技术的发展，对当时和以后农业生产产生了深远的影响。作为历法改革的最高领导者和组织者，武帝自有他的功绩。

6. 封禅泰山

在汉武帝的"稽古礼文"事业中，封禅大礼占据了很重要的内容。中国古代有"五岳"的称呼，五岳就是东岳泰山、西岳华山、北岳恒山、南岳衡山、中岳嵩山。位于今山东中部的东岳泰山，由于雄伟挺拔，被称为"五岳"之首。"功成治就"的帝王，必须登泰山，筑土为坛，祭祀上天，以报答上天的功德，这就叫"封"。然后，再到泰山下的某一小山（一般是梁父山，在今山东泰安县南一百十里），也筑土为坛，祭祀大地，报答"后土"（地神名）的业绩，这叫做"禅"。相传，从舜开始有70多个古代帝王都举行了封禅礼。秦始皇统一六国后，也效法古礼，上泰山行封禅礼。但是，从汉高祖即位以来的30多年间，一直没有举行过这种大礼。元封元年（前110）武帝的文治武功事业取得了很大成就，汉帝国出现了一个强盛的局面。武帝志得意满，又受到方士们的诱惑，如公孙卿等人说："行封禅大礼，可以成仙登天。"一心一意想长生不老的武帝跃跃欲试，就在这年四月率领文武百官，浩浩荡荡地来到泰山，隆重地举行大礼。他命人先在泰山脚下的东面，筑了一座广一丈二尺、高九尺的祭坛，坛下埋有敬告上天

的玉牒。祭天后，登上泰山。第二天，再从山阴下山，在泰山东北麓的肃然山（在今山东莱芜县西北60里，民间讹为宿岩山）举行"禅"礼。在封禅大典进行时，鼓乐金钟齐鸣，武帝身穿黄衣，虔诚崇敬地分别向天地礼拜。侍从百官相随参拜，群僚都以能参加这次封禅大典为荣。司马迁的父亲司马谈，由于没能跟随武帝参加这次封禅，懊丧地得了病。武帝本人当然感到万分荣耀，高兴地给当地百姓赏赐牛肉和酒，赠给华美的布帛，还免除了当地百姓的赋税。为纪念这次封禅大礼，他下令把这一年改元为元封元年。武帝举行封禅大礼，虽然出于方士的迷信宣传和自己想成仙不老，但这种具有神秘性和宗教色彩的隆重典礼，也神化了"受命于天"的人间帝王的统治地位，对加强封建专制主义中央集权，起了很大作用。

汉武帝"稽古礼文"，发展和繁荣了处于上升时期的封建社会的文化事业，也巩固了封建专制皇权，在中国封建社会的文化史上，具有很重要的意义。

七、抗击匈奴

在汉武帝引人注目的"武功"事业中，最艰巨、最困难、成绩最大的，是抗击匈奴的斗争。长期以来，处于奴隶社会发展阶段的匈奴族和匈奴贵族，时常对中国发动掠夺战争，严重危害中国北部人民生命和财产的安全。他们利用骑兵优势，忽聚忽散，出没无常。汉朝对他们真是防之难，驱之亦难。武帝不顾一切困难，决然对匈奴进行大规模的反击，并逐步把这场战争引导到以征服匈奴为目的的战争上去，而不是停留在单纯的防御战争阶段。这一正确的战略思想，保证了抗击匈奴战争的胜利。抗击匈奴战争，是汉帝国繁荣强盛和武帝历史功绩的一个重要标志。

1. 马邑之谋

元光二年（前133），雁门郡马邑（今山西朔县）地方有个叫聂壹的，风尘仆仆地赶到京城长安，谒见当时负责"胡事"的大行令王恢。他向王恢建议说："匈奴目前与我大汉关系不是很僵，可以用好处诱他们进来，设伏兵袭击，一定能大破匈奴。"王恢觉得他的建议有道理，马上把这事汇报给汉武帝。当时才23岁的武帝，血气方刚，雄心不已，听到这个意见，立即振奋起来。

从秦朝以来，匈奴这个以游牧方式生存的民族，仗着好骑善射的特点，不断给秦、汉王朝以巨大的威胁，严重破坏和影响了中原封建社会经济的发展。汉武帝没有忘记汉初的"白登之围"。汉六年（前201），匈奴侵占马邑，攻太原，至晋阳（今山西太原市西南），气焰十分嚣张。高祖刘邦遂于第二年冬，亲自将兵前往抵御。不幸被匈奴冒顿（mo du）单于（chan yu，匈奴最高首领的称呼）的40万骑兵围困于平城（今山西大同市东）的白登山，前后整整被围七天。汉兵内外接应都被切断，情况十分危急。后来幸亏陈平用奇计，使人暗中以厚礼疏通冒顿的阏氏（yan zhi，匈奴对君主妻妾的称呼），才得解围。高祖的性命保住了，但这总是汉家的奇耻大辱！

他也没有忘记，也是这个冒顿单于，在高后（吕后）执政时，竟以极其下流的语言，写信给他高祖母吕后，极尽侮辱猥亵之能事。而在当时敌强我弱的条件下，高后只能强按怒火，复信给冒顿单于，说："我已年老力衰，头发牙齿都掉了，不能陪你了。"汉朝还送上两乘华贵的御车、八匹骏马，以讨好匈奴。作为汉家子孙，岂能忍受这样的奇耻大辱！

他也没有忘记，汉朝建国之初，由于国力衰弱，无力抗衡匈奴强虏，不得不实行和亲政策，选汉家女子嫁给匈奴单于为阏氏，赠匈奴千金；每年还要奉送大量的絮（xu，粗丝绵）、缯（zeng，丝织品）、酒、米等。此外，汉朝还被迫开放"关市"，允许匈奴和汉朝通商。这对双方是有利的，但汉朝是在被迫的情况下实行这一政策的。总之，在很长时期内，汉朝是用讨好和屈辱的方式，换取匈奴不要侵入边塞地区。

可是，下嫁的公主，赠送的财物，开放的关市，以及汉朝政

汉 武 帝

府和人民忍受的巨大牺牲，并不能满足匈奴奴隶主贵族的贪欲，无法换取北方的安宁和人民生命财产的保障。当时的陇西、北地、上郡、云中、上谷、辽东等郡（在今甘肃临洮、庆阳，陕西榆林，内蒙古托克托，河北怀来，辽东辽阳一带）经常遭到骚扰。野蛮的匈奴骑兵，所到之处，蹂躏庄稼，劫夺财产，杀掠吏民，抄掠人口，把大批汉人掳为奴隶。云中、辽东一带，每年每郡被杀害和被掳去的人口，就有一万多人！直到汉武帝即位，匈奴骑兵仍是寇盗不止，和亲政策并没有收到实际效果。汉朝原想通过嫁公主，结成舅甥关系，来缓和汉、匈关系。这是一种消极的政策，是一种变相的纳贡，是当时条件下迫不得已的妥协。年轻的武帝不能容忍匈奴贵族在他当政时继续为非作歹，不能允许这些屈辱的政策再继续执行下去。意志坚强、眼光远大的武帝，胸中已在酝酿一个宏伟的计划：要用武力把匈奴的嚣张气焰压下去，把匈奴侵略者远远地赶出去。王恢的汇报和建议，使汉武帝有机会把自己的决心和计划化为行动。他召开了御前会议，征求公卿大臣对匈奴政策的意见。

御前会议上，王恢和御史大夫韩安国，就对匈奴的和战问题，展开了激烈的争论。王恢说："今日由于皇帝陛下的崇高威望，海内一统。百姓得安乐，仓廪（lin，米仓）非常充实。但北方的匈奴侵盗不止，臣以为只有抗击强虏，才是出路。"韩安国反驳说："高皇帝被围困于平城，七天吃不到饭。自从刘敬和匈奴和亲以来，已有五世（五世指汉高祖、汉惠帝、汉文帝、汉景帝、汉武帝）之利。我们不能因一己之怒而伤天下之功，还是不打的好。"双方你争我辩，唇枪舌剑，一个主战，一个要和。王恢认为，在边境不宁、士卒死伤的情况下，如用奇计袭击匈奴骑兵，

必可获胜。韩安国则说，轻举妄动，人马乏食，难以成功。主持"廷议"（御前讨论会）的汉武帝，是倾向王恢的，认为王恢说得有理，因为现在已经不是高祖时力不从心的情况了。不抗击强敌而继续实行和亲政策，只能助长匈奴贵族的嚣张气焰，使汉朝和边境人民不得安宁。他决定按照王恢的意见办。主和的韩安国见皇帝也是这个意见，只好缄口不言。

元光二年（前133）六月，正是烈日当空、草肥牛羊的夏天。汉朝30万大军在韩安国、李广、公孙贺、王恢的率领下，埋伏在马邑一带的山谷之中。当初找王恢献计的马邑土豪聂壹，也按照预定计划，进入匈奴境内。他找到匈奴单于，说："我有办法斩杀马邑的县令、县丞，让全城百姓投降大王，大王可尽得全城财物。"单于大喜，深信不疑。聂壹回到马邑杀了两名死囚，割下头颅悬在马邑城门口，叫人报告匈奴单于说："马邑长吏已被我斩首，请大王快派兵来！"利令智昏的单于，立即点发了10万骑兵，火速进入武州（今山西左云县南）边塞。离马邑还有百余里时，单于见草原上牛羊遍野，却无一人放牧，感到奇怪。他冷静下来，心想可能有诈，派兵攻击附近一个亭障（古代在边疆险要处供防守的堡垒），俘获了一个雁门（今山西代县北）尉史。尉史怕死，就把汉军设伏诱敌之计全都供出。单于大惊，急忙命令火速退兵。等到汉军发现追击，10万匈奴骑兵早已在一片烟尘之中消失得无影无踪。马邑设伏诱敌失败，汉武帝把怒气发泄在王恢身上，说："即使不能生擒匈奴单于，王恢也应该击其辎（zi，辎重是外出时携带的包裹箱笼）重，这样还能安天下之心，鼓士卒志气，如何能一无所为？不杀王恢，无以谢天下！"王恢听说武帝大怒，长叹一声，自杀身亡。韩安国暗暗得意，但他在盛怒的武帝面前，一

声也不敢响。但是，武帝并没有使他满意，而是决心把从马邑开始的抗击匈奴的斗争坚持下去。

2. 马踏匈奴

马邑之谋中止了汉朝对匈奴的和亲政策，拉开了抗击匈奴战争的序幕。

匈奴单于差点上当受骗，愤恨不已。从元光六年（前129）开始，不断派兵入侵上谷、渔阳（今北京市密云县西南）、雁门、代（今河北蔚县西南）等地，残暴屠杀当地百姓官吏，掠走大批人口。汉武帝怒不可遏，命令卫青出上谷，公孙敖出代，公孙贺出云中，李广出雁门，分兵四路，率领几万骑兵，袭击匈奴。

初次出师，有得有失。卫青在龙城（匈奴会合诸部祭天的地方，在今蒙古人民共和国和硕柴达木湖附近）与匈奴一战，俘虏700人。公孙贺一无所得。公孙敖、李广还打了败仗。李广在战斗中被匈奴俘虏。他受了伤，匈奴人把他放在由并行的两匹马组成的临时担架上。李广在途中装死，匈奴兵放松了警惕。李广突然从担架上跃起，跳上一匹马，顺势推倒还不知发生什么事的匈奴骑兵，夺了他的弓箭，向南方急驰。这突如其来的惊险动作，简直把匈奴人吓呆了，他们惊叹："真是一个飞将军啊！"李广活着回来了，但是，他没有打胜仗，汉武帝执法很严，下令把李广、公孙敖交给廷尉，下狱受审。按法当斩，但汉代可以用钱赎死罪，他们花了一大笔钱，总算保住了性命。武帝对李广的勇敢过人，还是非常赞叹的。不久，又命令李广任右北平（今河北承德、天津蓟县以东，辽宁大凌河上游以南、六股河以西地区，治所平刚，今辽宁凌源西南）太守。匈奴人听说"飞将军"当了太守，心有

余悸，几年不敢侵入右北平。

从元光六年（前129）到元狩四年（前119），汉、匈之间较大的战斗有十多次，其中汉军出塞进击9次，对整个战争局势关系重大的有3次。

元朔二年（前127）冬，匈奴入侵上谷、渔阳，杀掳吏民千余人。汉武帝派遣卫青、李息出兵云中，在河套地区大破匈奴楼烦王、白羊王的军队，俘虏数千人，得牛羊百余万头，一举收复了秦朝末年沦陷于匈奴的河套地区，解除了对京师长安的严重威胁。捷报传来，武帝十分振奋，因为这是他决定抗击匈奴以来的第一次大胜利。在这一阶段的斗争中，卫青起了重要的作用。卫青是牧羊娃出身，童年时很苦，年轻时做了平阳公主（武帝的姊姊）家里的骑奴，姊姊卫子夫也在公主家做歌女。有一次，武帝到平阳公主家玩，看上了美丽可爱的卫子夫，召进宫去为妃。后来卫子夫怀孕生了个儿子，武帝就把她立为皇后。卫青也因此得进宫中，任侍中，在武帝身旁当侍从。元光六年（前129），卫青被拜为车骑将军，带兵出击匈奴。由于破敌有功，武帝诏封卫青为长平侯；部将有功者（如都尉苏建等），也都封侯。

河套地区收复后，当时任郎中的主父偃向汉武帝建议，在这一大片丰饶的地区设置郡县。这样，军事上可以抵御匈奴，经济上可以转输漕粮（古代由水路运往京师供官兵食用的粮食）。武帝把这个建议交给公卿们讨论，公卿们都说不行，怕匈奴骑兵再来捣乱。武帝非常了解主父偃这个建议的深远意义，果断地批准这一建议，在河套地区设置了朔方郡（今内蒙古河套西北部及后套地区），命令苏建征集10万人建造朔方城，又修复了秦始皇时蒙恬沿黄河所筑的长城要塞。这是两项极为艰巨的国防工程，费资

汉武帝

无计，国库为之空虚，劳动人民付出了血汗的代价。但这两项工程的完成，对防御匈奴入侵长安，有着极其重要的战略意义。第二年夏天，宏伟牢固的朔方城筑成了，武帝又募集内地百姓10万人迁往这里，边务农，边守卫。从此，黄河以南防务巩固，京城长安确保无虞，奠定了汉朝主动出击匈奴的基础，汉朝从被动转入主动。元朔年间（前128—前123），卫青多次按武帝的诏令出击匈奴，打了胜仗。有一次，10多万汉兵包围了匈奴右贤王，右贤王惊恐万状，只率领几百名骑兵在夜幕中突围逃去。汉军俘虏了右贤裨王（裨pi皮。裨王，小王）10余人，男女15000人，牛羊百万头。武帝得悉卫青大获全胜的消息，兴奋得立即派遣使者从长安带了大将军印，赶到卫青大营中，在军中拜卫青为大将军，由他统率讨伐匈奴的各路大军。

元狩二年（前121），汉朝对匈奴的另一场有决定意义的战争开始了。指挥这场战争的是名将霍去病。霍去病是大将军卫青的外甥，母亲是卫青的姐姐卫少儿。卫少儿是后来当了汉武帝皇后的卫子夫的姊姊。由于这层关系，霍去病18岁就进宫当侍中。霍去病善于骑射，跟舅舅卫青一起出塞打匈奴，经受磨炼，升为骠姚校尉。他胆大心细，曾率领轻骑兵800人，远离汉军大营几百里外，去奇袭匈奴兵。斩获了不少敌人，其中包括匈奴的相国、当户（匈奴官名），单于的伯父、叔父等人。武帝听说霍去病这个年轻的将军如此英勇善战，战功赫赫，大为赞赏，称赞他是"冠军"，封为"冠军侯"，封食邑2500户（即享受2500户的赋税收入。食邑又叫封邑，是封建社会里皇帝奖励有功臣下征收封邑内赋税的制度，多少按民户计算）。元狩二年（前121）春，武帝封霍去病为骠骑将军，命他率领万余名骑兵出陇西塞外，过焉支山

（今甘肃永昌县西、山丹县东南）千里，在皋兰山（即五泉山，在今甘肃兰州市南）下，和匈奴骑兵短兵相接，战斗十分激烈。汉军一举歼敌8900余人，杀匈奴二王，俘获浑邪王的儿子和相国、都尉等高级官员；还缴获了匈奴休屠王祭天用的金人。武帝闻讯大喜，下诏表彰霍去病的功勋，增加食封2200户。这年夏天，霍去病又与大将公孙敖出北地（今甘肃庆阳西北）塞外2000余里，深入匈奴境内，一直打到祁连山、焉支山，斩获匈奴3万余人，俘虏匈奴5个王，以及单于阏氏、王子59人，相国、将军等63人。霍去病率领的汉军铁骑踏破祁连山、焉支（同胭脂谐音）山，匈奴人大为恐惧。他们作歌谣唱道：

　　亡我祁连山，使我六畜不蕃息！
　　失我焉支山，使我妇女无颜色！

　　霍去病敢打敢冲，敢于深入敌后，有时竟然深入敌境2000余里，却从来没有陷于矢尽粮绝的困境，所到之处以敌人的粮食充饥，用匈奴的武器装备自己。大多数将领都不敢像他那样孤军深入。他们行动不如霍去病迅速，有时行动迟缓，甚至因"留迟后期"（没有及时赶到战斗地点，失去战机）而被处斩罪。如公孙敖和后来出使西域的张骞，就差点因"失期"而杀头，是用钱赎了死罪，才活下来的。由于霍去病机智、勇敢、灵活，在敌后神出鬼没，立下大功，武帝第二次下诏表彰他的战功，再追加了食封户数。霍去病功著身贵，和他的舅舅卫青并驾齐驱了。

　　匈奴大败以后，单于气恨已极，要把浑邪王和休屠王治以死罪。二王吓坏了，商量后决定，还是向汉朝投降。经过密谋，他

们暗中派人去长安，向汉武帝提出投降的要求和条件。武帝曾经想用马邑伏兵袭击匈奴，担心匈奴也用诈降之计进攻汉朝。为了万无一失，他命令霍去病带了军队去接受匈奴降部。如果是诈降，便立即加以歼灭。浑邪王是真心投降，休屠王半路上后悔了，浑邪王不客气地杀了他，合并了他的部属。霍去病率汉朝大军渡过黄河，与浑邪王率领的匈奴人遥遥相望。匈奴人被霍去病的战绩和骑兵吓破了胆，看见汉朝大军陈列在前，许多人吓得发抖，转身逃走。霍去病骑马冲入匈奴军中，和浑邪王相见。浑邪王控制不住一部分匈奴人逃跑的局面，霍去病便率汉骑斩杀一部分想逃跑的匈奴人，威慑了庞大的匈奴部众，才稳住了局势。4万多匈奴人就这样投降了汉朝。武帝得到浑邪王投降的消息，非常高兴，下令征发2万乘（一车四马为一乘）车骑，前去迎接投降的匈奴人。浑邪王和他带领的几万匈奴人，乘着汉朝政府准备的车马，怀着复杂的心情，来到了长安城。长安城里顿时轰动起来，男女老少都出来观看这些匈奴人。这是汉朝历史上的一件大事！武帝热烈欢迎浑邪王的到来，待之以礼，赏赐给降众几十万钱，封浑邪王为侯，食邑万户，优礼备至。武帝在处理浑邪王及其部众的问题上，方针和态度是正确的，表现了汉帝国最高统治者的远见和风度。

浑邪王所部投降后，汉武帝把他们安置在河套地区的5个郡，称为5属国。在原来匈奴人的游牧区设置武威郡和酒泉郡，后又分武威为武威（今甘肃黄河以西，武威以东及大东河、大西河流域地区，原为匈奴休屠王地）、张掖（今甘肃永昌以西、高台以东地区）二郡，分酒泉为酒泉（今甘肃疏勒河以东、高台县以西地区，原为匈奴浑邪王地）、敦煌（今甘肃疏勒河以西及以南地区）

二郡。这就是著名的河西（黄河以西）四郡。从此，不但陇西、北地和河西一带消灭了匈奴之患，而且断绝了匈奴与西羌（qiang，在今青海境内的古代民族）的联络，打开了汉朝与西域来往的道路，大大削弱了匈奴在西北盘踞多年的势力。

3. 封狼居胥山

元狩四年（前119），37岁的汉武帝，把主要军事将领招来，激昂慷慨地说："匈奴单于总以为我大汉将士无法通过荒凉缺水的沙漠地带，朕将大发将士，越过大沙漠，抗击匈奴，赶走匈奴。一定要达到目的！"武帝深知，不捣毁匈奴的老巢，他们就可能卷土重来。只有不畏艰险，横越大沙漠，直捣匈奴王庭（古代北方各族君长设幕立朝的地方），才能从根本上解除匈奴对汉朝的威胁。经过充分准备，武帝命令卫青、霍去病各率领5万骑兵，4万匹马负载辎重，还有几十万步兵殿后，分道北征。卫青自定襄（今内蒙古长城以北卓资、和林格尔、清水河一带）出发，霍去病自代郡（今河北蔚县、怀安，山西阳高、浑源和长城外的东洋河流域一带）出发。他们约好日期，到沙漠以北和匈奴大战。两支大军，在一片号角声中，卷起大地的阵阵尘土，向北方开始了远征。

卫青率领的汉军出塞千余里，越过了寸草不生的大沙漠，看见匈奴单于已亲率骑兵严阵以待。卫青下令用一种叫武刚车的战车环列为营，以防止匈奴骑兵突然袭击。然后，派出5000骑兵向匈奴阵地猛烈冲击。匈奴也派出万余骑兵迎击。这天气候极为恶劣，狂暴的风沙席地而起，砂砾像刀子一样扑打在士卒的脸上，两军彼此都看不见对方。在弥漫的风沙中，汉军与匈奴大战，卫

汉 武 帝

青突然改变战术，派兵从左右两面包抄单于。单于看见汉兵众多、强勇，知道自己抵挡不住；急乘6匹骡马，率几百骑兵向西北突围而去。这场大战，从白天杀到黄昏，杀得匈奴兵尸横遍野。汉兵听说单于逃遁，发轻骑连夜追赶。到天亮时，已追了2百多里，还是让单于逃掉了。这次大战，歼敌19000，而且追赶到寘（zhi，治，今蒙古高原杭爱山南面一支）颜山赵信城（杭爱山南面支脉附近），缴获了匈奴大批粮食。汉军饱餐一顿，烧毁了剩下的粮草，大胜而还。

"飞将军"李广在战斗中却十分不利。在漫无边际的沙漠中行军，由于没有找到向导，以致迷失了道路，没有跟上卫青的大部队，失去了战机。卫青回营，把李广叫到军营里来，严厉责问："为何失期?!"李广说："校尉、将领们无罪，是我迷了路，责任在我。"汉朝法律规定，战斗中失期当斩。李广深知问题严重，悲愤地对部下说："我自结发（年轻时）以来，与匈奴大小70余战。这次从大将军与匈奴作战，可惜迷失了道路，岂不是天命！我李广已60多岁了，我不能再受刀笔之吏的审讯。"说罢，引刀自刎而死。李广不仅作战勇敢，善于骑射，每发必中，而且为人廉洁。他当二千石大官前后40年，家无余财，所得赏赐都分给部下。他待士卒如子弟，在大漠中用兵，士卒饥渴到极点，每见到水源，便拥向前争水喝，李广不等士卒喝够，决不走近水边；不等士卒吃饱，决不吃饭，因此深得士卒热爱。士卒听说李广自刎，全军上下都泣不成声。百姓听说李广死了，老老小小都泪流满面。"飞将军"李广，用他悲壮的一生，为汉朝抗击匈奴战争谱写了一曲感天动地的颂歌。

霍去病在这次战争中，依然是天之骄子。他率领士卒，出代

郡2000余里，没有携带辎重，只带很少的粮食（军粮主要取自于敌人），以极快的速度行军，深入匈奴内部与左贤王交战。他的骑兵来去无踪，经常用奇袭突击匈奴兵，生擒匈奴屯头王、韩王等3人，活捉匈奴将军、相国、当户、都尉等83人，前后歼敌7万多人，一直打到狼居胥山（今蒙古人民共和国境内肯特山）。在那里，霍去病代表汉王朝举行了封禅礼。他英姿勃勃登上高山，眺望茫茫大漠，庆祝汉军的胜利。这次大战，匈奴损失惨重（90000多人），不敢再来侵犯，只得远徙北方，休养士卒马匹。匈奴单于不敢在大漠以南设王庭，还几次派使者到长安，希望同汉朝和亲，直到太初二年（前103），17年间双方没有发生战争。汉武帝得到霍去病等人的捷报，非常振奋，再次下诏表彰，加封霍去病食邑5800户。诸将有功者，都封侯受赏。霍去病的荣誉达到了顶点，他的地位、秩禄已经和他的大将军舅舅一样了。武帝非常喜欢这个沉默寡言、敢冲敢打的青年将军，曾想教他学吴起、孙武兵法，霍去病说："看作战的方略如何，又何必拘泥于古代兵法呢？"武帝为他造了一座华美的府第，让霍去病去看看，霍去病回答说："匈奴不灭，何以家为也！"武帝因此更加重视和喜欢这个以国家为己任的青年将军。霍去病也有他的缺点，他自幼显贵，不知民间疾苦，也不像李广那样爱护士卒。武帝在霍去病出征时，曾送了好几十车好吃的东西给他。回来时，吃剩下来的好肉、好米都腐臭了，只好抛弃掉，而当时军中士卒每每有吃不饱的。在塞外作战，士兵吃不饱，饿得走不动路，霍去病丝毫也不知爱惜，一个人玩他的"蹋鞠"（ta ju，一种皮制的球，当中塞毛，用脚踢玩）游戏。虽然霍去病有这些毛病，但他在抗击匈奴的斗争中立下了丰功伟绩，还是值得表彰的。元狩六年（前117），霍去病因

疾病去世。武帝对他的早逝十分伤心，下令让匈奴浑邪王降部的匈奴人全部身穿黑甲为他志哀。送葬的行列，把他从长安城一直护送到茂陵东侧的霍去病墓地。武帝为他建立了象征祁连山的大墓，纪念他抗击匈奴的战功。

4. 苏武节操

汉武帝组织并指挥的抗击匈奴战争，大长了人民的志气，激发了人民的爱国主义情操，因而在抗匈斗争中涌现出无数的民族英雄。苏武就是一个杰出的代表。

苏武字子卿，是杜陵（今陕西西安东南）人，他是将军苏建的次子。少年时为郎官。后任栘中厩监，负责管理御马。在苏建的三个儿子中，他是最有节操和才干的一个。始终被同僚所称赞，深得汉武帝的赏识。元狩四年（前119）冬，匈奴且鞮（ju di）侯单于登位，主动向汉朝和好。天汉元年（前100）三月，武帝派遣中郎将苏武出使匈奴。当时是一个春寒料峭的日子，苏武依依惜别了老母、妻儿、同僚、亲友，带着使团踏上了去往塞北沙漠的征程。40岁刚刚出头的苏武，骑着一匹高头骏马，手持旌节，神色严肃而凝重，走在队伍的前头。那根旌节，以九节之竹为柄，长八尺，顶端系锁，锁上垂挂三重白色牦牛尾为饰，它是使者和节操的象征，因此苏武把它看得比生命还重要。对于这次出使匈奴，苏武深知任重事险。汉匈两国交恶多年，互相仇杀，冤仇结的很深。何况匈奴人一向狡诈，匈奴且鞮侯单于的真正意图是什么，一时还难以猜测。一路上，苏武想到了各种方案，以期圆满完成使命。至于个人安危，他倒很少考虑。

事实正如苏武预料的那样，等苏武到达匈奴后，匈奴单于变

了卦，扣留了他，叫以前投降的汉将卫律向他劝降。苏武不为所动，义正词严地斥责这个祖国的叛徒。单于听说苏武坚贞不屈，愈加希望他投降匈奴。单于想用饥饿来逼苏武投降，叫人把苏武囚禁在大窖之中，一粒粮食也不给。茫茫北国，大雪纷飞，饥饿到极点的苏武，咬下毡（zhan，羊毛）毛，和着雪块吞咽下去。几天过去了，单于派人来看，苏武竟没有饿死。单于大惊，以为苏武是神仙下凡。他又把苏武迁到北海（今贝加尔湖）边上，让他放羊。声言，只有当公羊有了乳水，才能放他回汉朝。在雪地冰封的北海边上，苏武日夜持着代表汉朝尊严的汉节（节，符节。古代使者出使时所持，用作凭证。汉节长一尺二寸，印有文字，顶上有牦牛尾做的装饰）放羊。没有任何人送饭食来，他自己动手掘野鼠、挖野草充饥。年复一年，汉节上的旄（mao）毛落尽了，苏武的须发也白了，他还是手持汉节，遥望着南方，那里有他的祖国。他的好朋友李陵（李广的孙子），与匈奴作战时因矢尽力竭、陷入重围而投降敌人，并受到重用。李陵为单于来劝降苏武。苏武说："为大汉朝，我愿意肝脑涂地。请不要再说了。一定要逼我投降，我马上死在你面前！"李陵听罢，仰天长叹："义士啊，义士！我李陵和卫律的罪过真是通天啊！"他淌着羞愧的泪水，告别了坚贞的苏武。苏武被囚禁在匈奴十九年，直到昭帝始元六年（前81）春天，才在汉使的坚决要求下，回到长安。苏武出使匈奴时，正当年富力强；归汉时，头发胡须已一片雪白。在19年的漫长岁月里，他献出的是一颗对祖国无比坚贞的心。

汉武帝没有能够看见活着回来的苏武，却召见了一名在抗击匈奴战争中锻炼出来的英雄——赵充国。赵充国是天汉二年（前99）跟李广利到天山一带打匈奴的。当时，汉军被匈奴包围，几

天没有吃饭，伤亡惨重。当时任假司马的陇西人（今甘肃临洮南）赵充国，率壮士百余人突围陷阵，李广利由于赵充国的支持才解了围。这次激战，汉军死亡十之六七，赵充国身上受伤20多处，李广利向武帝奏报突围经过和赵充国的功勋，武帝便召见赵充国，叫他解开衣服，只见赵充国遍体鳞伤，身上没有一块好肉。武帝被深深地感动，磋叹之声不绝，马上拜赵充国为郎中，表彰他的功绩。

汉武帝集中了全国的经济力量和军事力量，组织并指挥了反击匈奴的战争，是完全符合汉朝人民的利益和要求的。匈奴经过屡次打击，力量已大为削弱。自太初三年（前102）以后虽然还有几次入侵，但已不是汉朝的大患了。对匈奴的战争，打击和抑制了自秦末、汉初以来匈奴对中原人民几十年的残杀掠夺，保护了人民的生命财产，也保证了汉朝社会经济和文化的发展。作为这次战争的最高决策者、组织者和指挥者，汉武帝建立了伟大的功勋。

八、打通西域道路

为了联合大月氏夹攻匈奴，汉武帝派张骞两次出使西域，张骞虽然没有完成联合大月氏的政治任务，但是张骞出行的影响和意义却远远超出他的直接使命。

1. 张骞一通西域

建元二年（前139），一个投降汉朝的匈奴人赶到长安，向汉朝政府报告说：居住在敦煌、祁连山一带的月氏国，原来是匈奴的西邻。后来，冒顿单于打败月氏，匈奴的老王单于不但杀了月氏国王，还把他的头颅骨用来做酒器。月氏人满怀悲愤，远走他乡。他们携老带幼，为了求得生存地盘，拼死攻占了塞国（今新疆伊犁附近），驱逐了塞国国王，建立了自己的国家。这就是大月氏（留居在故地被匈奴控制的称小月氏）。他们对匈奴怀着复仇之心，总想有朝一日打败匈奴，重返故园。

当时才17岁的汉武帝正准备北伐匈奴，得到这个消息后，便想联络大月氏共击匈奴。但是，要联络大月氏，必须派人通过匈奴辖境，这是一个艰巨的任务，朝廷中竟无人敢承担这项任务。武帝下了诏令，招募敢于出使大月氏的人。

汉 武 帝

一个官阶不高的郎官、汉中（今陕西安康西北）人张骞报名应募。张骞身强力壮，意志坚强，为人宽厚。他勇敢地挑起了出使的重任。另外还有一个堂邑氏的奴隶、胡人甘父（又叫堂邑父），也和张骞一同出使大月氏。堂邑父是一个年轻的射手，飞禽走兽，每射必中。同行的还有其他100多人。汉武帝对张骞作了交代，为他们作了充分的物质准备。张骞一行打点好行装，离开长安，向陇西出发。通往西域的历程开始了。

所谓西域，是指今敦煌以西、葱岭内外的广大地区。后来由于交通益广，在葱岭以西、今中亚细亚一带，也概称西域。西域当时有36国，人口最多的60万，最少的只有几万人。秦末、汉初冒顿单于侵入西域后，西域大部分国家都臣服于匈奴，匈奴设"童仆都尉"管理他们，向他们征收赋税。当时，西域对汉王朝来说，是一个神秘的未知地区。从中原到塔里木盆地和更西的世界，必须经过匈奴占据的河西走廊。虽然张骞一行想避开匈奴人，可是在茫茫荒野，匈奴人要发现他们太容易了，匈奴骑兵很快便赶上了他们。张骞被抓去见单于，单于问明情由后，说："月氏在我北边，汉朝怎能去得？我想派使臣去越（在汉朝东南部），汉朝能让我去吗？"单于对忠厚老实的张骞印象不坏，不仅不杀他，还给他娶了妻子，留他下来。张骞无法，一住就是近10年，还生了儿子。可是他始终没有忘记自己的使命，每天执著汉节，以示不忘汉武帝交给他的使命。他时时在想法逃出匈奴，去寻找大月氏。

张骞终于找到一个机会，和堂邑父一起逃出了匈奴。他们向西走了几十天，通过炎热的沙漠，越过白雪皑皑的雪山，一路上历尽艰险。有时断了炊，亏得堂邑父是个神射手，靠猎得的飞禽

走兽，两人才没有饿死。他们终于辗转到达大宛国。大宛在今中亚地区，都城贵山（今之霍占），人口30万。大宛王早就听说东方有个汉朝，财饶物富，很想同汉朝联系，苦于无法沟通。现在听说汉朝的使者张骞来了，高兴得不得了，立即接见，问他要到何方去？张骞说："我是为大汉出使月氏的，中途为匈奴所阻。今无他事，只望大王派向导送我去月氏。事成后，我返回汉朝，汉对大王必有重谢。"张骞为人宽厚，又善于辞令，大宛王非常信任，给他派了向导和翻译。

张骞等人继续向西行进，一路上历尽千辛万苦，抵达更西的康居国。康居在今中亚北部，咸海沿岸，锡尔河下游，人口60万。康居王问明张骞来意后，把汉朝的用意转告大月氏。当时，大月氏王已为胡人所杀，月氏王的夫人被立为王。他们居住在大夏（在兴都库什山与阿姆河上游之间，今阿富汗北部）物产丰饶的土地上，生活很安定，向匈奴复仇的愿望早已淡薄了。他们认为，自己和汉朝相距万里，何必再找麻烦。张骞因为没能完成使命，又从康居赶到大夏，在那里住了一年多，依然没有任何结果，只好回国。他经由南山（秦岭终南山）一带，由羌中向东返回，目的是想绕过匈奴的境界，想不到半途又被匈奴人抓住，只好又在匈奴生活了一年多。他急于返回长安，将西域的情况向武帝汇报。恰好这时单于病死，匈奴发生了内乱，对张骞看守得也不是很紧了。张骞趁机带着自己的胡人妻子，和堂邑父一起逃离匈奴，再次历尽千辛万苦，在元朔三年（前126）回到离别13年的长安。当初离开京城时有100多人，如今只有张骞、他的胡妻和堂邑父几个人回来。

汉武帝热烈欢迎张骞归来。他想不到去国13载、杳无音讯的

汉 武 帝

张骞又回来了。他饶有兴致地听张骞谈大宛、康居、大月氏、大夏,乃至安息、条支、身毒等外国的见闻。武帝这才知道,在汉朝以外,除了周围的"蛮夷"世界,还有那么多文明的种族和充满异国情调的国家。张骞这次西行,虽然没有达到联络大月氏的目的,但使武帝第一次知道了西域许多国家的地理、风俗、物产、政治、军事情况,这也是一个了不起的收获!张骞还向武帝汇报了一个情况:"在大夏时,曾看到中国的邛(今四川邛莱)竹杖和蜀布。问他们此物何来?大夏人答,我们的商贾从身毒国(今印度)贩来的。身毒国在大夏东南几千里,面临大海,风俗与大夏同,其地卑湿暑热,百姓骑象作战,臣据此估计,身毒国应离我蜀地不远。如果从蜀地去身毒,路近,又无寇盗。"张骞的这个估计大体上是正确的,只是他还不可能了解,在四川和印度之间有比沙漠更难通过的崇山峻岭。武帝对张骞这个意外发现非常有兴趣,这是中国第一次了解到印度的情况。张骞西域之行,使武帝开始酝酿一个伟大的计划:沟通西域,开发西南,扩大汉朝的影响。汉帝国将广地千里,威德四播。由于张骞等人的功勋,武帝封张骞为太中大夫,封堂邑父为奉使君,以表彰他们出使西域的丰功伟绩。

鉴于张骞对西域情况十分熟悉,汉武帝派他同大将军卫青一起,征伐匈奴。张骞知道哪里有水草,汉军因此才能免除干渴之苦。卫青向武帝报告张骞这一巨大功绩,武帝就封张骞为"博望侯",意思是能"广博瞻望"到西域的一切。后来,张骞又和李广出右北平打匈奴,李广被围,张骞没能及时赶来支援,按法当斩。后来花了钱赎为平民,才免一死。

2. 张骞再次出使西域

张骞虽然失了爵位,但汉武帝还是常常问他有关西域的事。张骞知道,自己只有再次出使西城,才能重新得到武帝的重用。当时正是霍去病在祁连山大破匈奴和浑邪王降汉以后,张骞建议武帝联系乌孙,以断匈奴右臂。他说:"乌孙王叫昆莫,大月氏杀其父,夺其地,人民才投奔匈奴。昆莫长大后,报父仇,攻破大月氏,占其地,兵力强盛,不肯再寄居匈奴卵翼之下。今匈奴为我所败,如能在这时以厚礼贿赂乌孙,把汉家公主嫁给乌孙王为夫人,乌孙就成为我大汉亲戚,这就等于断了匈奴右臂。连结乌孙后,其四面大夏等属国,都能归附汉朝。"雄心勃勃的武帝被这个建议所吸引,就在元狩 4 年(前 119 年)拜张骞为中郎将,由他带领 300 人,每人两匹马,牛羊几万头,金帛几千万,持着汉节出发。这是张骞第二次出使西域。

乌孙(今伊犁河和伊塞克湖一带),都赤谷城,人口 63 万,是个高原地区,多雨寒冷,人民多畜牧,逐水草为生。张骞一行到达乌孙后,年迈的乌孙王昆莫很客气地接待他。张骞献上厚礼,对昆莫说:"乌孙如能回到东方故地,我大汉朝将把公主嫁给大王做夫人,结为亲戚,共同抗拒匈奴。这样,匈奴是不经打的。"可是,昆莫有自己的想法。他想,汉朝离乌孙太远了,它是大国还是小国?力量强不强?又因臣服匈奴已久,大臣们都不想迁回故土,昆莫自己也年老力衰,因此下不了决心。最后,只好对张骞敷衍一番,献上几十匹好马,答谢汉朝的馈赠,并派使者送张骞回国。张骞回国后,乌孙于元鼎二年(前 115)派了几十人来中国解情况,

这是西域人第一次来到中国。他们看到汉帝国国土辽阔，物产丰饶，特别是对京都长安的繁华富裕留下了深刻印象。他们回国后，盛赞汉帝国是东方大国。虽然东迁已不可能，但乌孙终于在元封元年（前110）和汉朝结亲通好。

张骞两次通西域虽然未能达到预期目的，但是打通了中西交通路线，促进了东西文化的交流，在人类历史上的贡献，是非常重大的。汉朝人把这件大事称为"凿空"，就是"开通"的意思，高度赞扬张骞开通了中国通往西域的道路。

张骞从乌孙回国后，过了一年多就死了（元鼎三年，前114）。他的事业是汉武帝发起的，武帝的雄心和大略，把他的事业发扬光大了。张骞派往大夏等国的副使，陆续领着那些国家的使者来到长安。武帝对这些使者热情招待，出巡各地时，都把他们带着。所到之处，让西域使者参观仓库的丰富收藏，赏赐给他们丰厚的财帛，以丰盛的酒席招待他们，让他们观看汉朝的"角氐民"戏（一种杂技）。既叫他们高兴，又让他们惊叹。通过这些活动，使西域使者有机会更广泛地了解中国的文明。这些使者回国后，纷纷对那些"不知有汉"的西域国王和大臣极力宣传在中国的见闻。这样，就促进了西域各国与汉帝国的往来。从此以后，西域许多国家和中国建立了关系。在武帝的主持下，通往西域的大道上，使者不断，马蹄声不息。汉通西域的使者，多的一批几百人，少的也有百余人。他们手持汉节，带着大量的金钱财物，特别是绚丽而柔软的丝绸，使古代亚洲的这条商路成为著名的"丝绸之路"。汉朝使者到达西域各国后，少的住五六年，多的住八九年，深远地传播了汉代文化。和"丝路"联系在一起的中国丝和丝织品，在东西文化的交流中，占据重

要的地位。西域使者也把他们富有特色的文化传播到中国来。例如,大宛国的使者来到中国,献给武帝大鸟蛋和犁轩(有人认为是古罗马帝国,有人认为是指古埃及尼罗河口的亚历山大城,也有人认为是东部地中海沿岸及西亚、中亚各地的希腊人)的"幻人"(魔术师)。武帝欣赏外国魔术师的表演,高兴得哈哈大笑。在通西域的过程中,汉朝人对西域的地理知识也增长了。汉朝使节还曾到达当时所能探查到的黄河源(当然不是现在青海巴颜喀拉山雅拉达泽山东麓的河源马曲),采来当地山上的玉石,带给武帝看。武帝兴致勃勃地查找古代图书,认为黄河水是从昆仑山流出来的。

在通往西域的道路上,主要是和平的文化和商业的交往,但也有战争的烽烟。这就是汉朝对姑师(车师)和楼兰(鄯善)的战争,以及汉朝对大宛的战争。

张骞出使西域归来,曾向汉武帝详细介绍大宛等西域国家的风俗、民情、特产。他说:"大宛在汉之正西,有万里之远。当地产好马,马出的汗是红色的,当地人称之为'汗血马'。"这些关于异国的奇珍异宝和民情风俗的有趣见闻,深深吸引了武帝。特别是汗血马(汗血马的"汗血",是由一种寄生在马的前肩膀和项背皮下组织中的小创口所造成。马迅跑时,血管充血,"汗血"就从寄生处的创口流出。此种马持久力极强),对爱好狩猎、酷爱良马宝驹的武帝,更有莫大的吸引力。他一心想同大宛等西域国家在经济和文化上加强联系,可是,中间有楼兰(后更名为鄯善,今新疆维吾尔族自治区米兰一带,罗布泊南)和姑师(即车师,今新疆维吾尔族自治区吐鲁番雅尔河屯)挡住了去路。汉使者每年经过这里,都要花去大量馈赠,有时还被刁难,弄得吃不成饭。

这些国家还多次为匈奴通风报信，叫匈奴人截获汉使者。有一次，楼兰王还攻击了汉使。使者们每次回来都愤愤不平，要求武帝派兵攻打这两个国家。他们说，两国虽有城邑，但兵力很弱，很容易攻打。元封三年（前108）冬，正是北国大雪纷飞之时，武帝派将军赵破奴率领西域属国兵和边郡士卒几万人，远征楼兰和姑师。又命王恢带兵配合。赵破奴率领轻骑700，一举攻克楼兰城，活捉了楼兰王，接着又攻打姑师，于征和四年（前89）征服了姑师。汉朝用兵楼兰、姑师，震动了西域各国。

3. "汗血马"之征

念念不忘大宛汗血马的汉武帝，一心想把汗血马搞到手，养在上林苑中，随时可以乘骑。太初元年（前104），从西域回来的使者告诉武帝"贰师城（今中亚的乌腊提尤别）有宝马（即汗血马）。臣曾为陛下求宝马，奈何大宛藏匿起来，不肯给。"武帝大喜，派了一个叫车令的使者，带了千金和一匹金做的马，专程到大宛去换取汗血马。大宛王和贵族们商议说："汉朝离我们那么远，路途又艰险。每次派几百名使者来，死得只剩下一半人，怎么可能派大军征伐呢？我看汉朝奈何不了我们。贰师城汗血马，是我大宛宝贝，决不能给汉朝！"汉使车令对大宛王的傲慢态度非常恼怒，破口大骂，敲碎金马，拂袖而去。大宛贵族也被激怒了，派兵在半路上击杀汉使，抢走了全部财宝。消息传到长安，武帝大怒，发誓要踏平大宛，得到汗血马。

汉武帝立刻拜他的小舅子李广利（李夫人的哥哥）为"贰师将军"，目的就是通过征讨大宛，取得贰师城的汗血马。他下诏令，征发属国六千骑兵和郡国恶少年六万人，组成远征军，西征

大宛。这支大军，带着大量辎重，艰难地越过沙漠、草地、雪山，路上死了不少人，中途又受到敌人顽强的抵抗。李广利看实在不行，就引兵返回。等回到敦煌，已费时两年，士卒只剩十之二三。李广利派人报告武帝："道路艰险，士卒缺粮，人员大减，不足以伐大宛。请求陛下暂且罢兵，重新征发士卒后再去。"刚愎自用的武帝闻讯大怒，派使者赶到玉门关，下令说："军士敢入关者，斩！"吓得李广利只得留驻敦煌。由于用兵不利，朝廷公卿大臣也都希望罢兵。可是，武帝对谁的意见也听不进去，认为小小的大宛国都攻不下来，西域各国不是要小看我汉朝吗？于是下诏再征发六万大军，后来又补充征发天下七种有罪的人充当士卒，调集了无其数的牛、羊、驴、骆驼，组成远征军，仍由李广利统率，继续远征大宛。这场战争，扰得天下不宁，民不堪命。为的只是几十匹汗血马！

李广利率领远征军再伐大宛。汉军历尽艰难困苦，终于在太初四年（前101）包围了大宛都城贵山。贵山城内没有水井，饮水是从城外将河水引进来。李广利派水工断绝水源，想用这个办法逼迫守兵投降。围城40多天，大宛人拼死反抗。后来城里找到了会挖井的汉人，开凿水井。饮水问题解决了，大宛人愈加顽强地参加守城斗争。战斗中，大宛贵族将军煎靡（mi）被汉军俘虏。软弱的大宛贵族被围城的艰苦吓坏了，坚持不住了，商议说："如果杀掉大王，将好马献给汉朝，汉军将自动解围。如果不解围，再力战而死，还不算迟。"经过一番阴谋策划，大宛国王终于成为这些贵族的牺牲品。他的头颅被送到李广利的军营，大宛使者对李广利说："汉退兵，我尽献好马；如不听，我杀尽好马，康居的援兵又将来到，我将与汉军死战。请慎重考虑，何去何

从?"李广利已经知道贵山城里凿了水井,粮食也不少,再打下去没有什么好处,就同意了大宛的意见。大宛放出好马,让汉军挑选。汉军挑选了几十匹汗血马,还有3千多匹普通马,与大宛盟而罢兵。

尽管大宛战事取得了成功,但是,对大宛战争的意义,历史评论者各有不同的见解。宋代诗人莲池生在《题龙眠画鬼章牵锦膊骢》一诗中写道:

汉武爱名马,将军出西征。
喋血几百万,侯者七千人。
区区仅得之,登歌告神明。

他对汉武帝的宝马追求,看来是持批评态度的。千万人死伤,数十人封侯。而这场战争所换取的,不过是"名马"而已。

著名的历史学家孙毓棠曾经发表题为《宝马》的长篇叙事诗,正是以汉武帝派遣李广利出军征大宛的历史事件为主题。《宝马》开篇描述大宛国在战前的和平景象:

西去长安一万里草莽荒沙的路,
在世界的屋脊上耸立着葱岭的千峦万峰。
峰顶冠着太古积留的白雪,
泻成了涩河,滚滚的浊涛盘崖绕谷,
西流过一个丛山环偎的古国。
七十几座城池,户口三十万;
麦花摇时有云雀飞,无数的牛羊牧遍了山野;

中秋葡萄几百里香，园圃也垂起金黄的果子。
葡萄的歌声从西山飘到东山，飘着和平，飘着梦。
葡萄熟时村姑们挎着竹篮，乡家人赶着驴车，
一筐筐高载了晶红艳紫；
神庙前扎起庆贺的花灯，家家都赶酿新秋的美酒；
富贵人夜宴上堆满着罂缶，玻璃的夜光杯酗醉了太平岁月。

然而宛王毋寡心爱的"宝马"，成为"天注的劫数"。《宝马》诗中写道：

这消息越天山，经大漠，传进玉门，
长安坐着汉家皇帝。
他戴的是世界上第一座神冠，
治理着天下第一处富丽堂皇的国度，
他的长安是世界上第一座城池，
是人间第一等的光荣，
他陛下人民的勇武与文慧。
东南从大海西北到流沙，几万里说不尽的青山绿水，
市镇的繁华；
田畴麦垄，村家的鸡狗与桑麻，
河汉江淮里望不断的帆影；
金椎的大道上飞驰着朱轮华盖，邮传和驷马。
汉家皇帝东幸齐鲁来封泰山，
北临汾阴去祀后土，勒兵十八万西游朔方，他自称

汉　武　帝

是无上的天之子。

长安城南面像南箕，北像北斗，

右望钟南山一架隽秀的风屏，左带着渭水沧沧歌谷的浪。

长安城棋布着九街十八巷，

盘龙的罘罳（fu si,）下朱门遥对着朱门，

是王侯将相和郡国的邸第；

九市开时，绿长了垂杨柳，红艳了花枝，

罗衫坠马髻（ji,）是淡粉长袂（mei,）的女子，

葛巾韦带是商贾人；酒肆花街坐满了羽林郎吏，

看骑马跨雕鹰的是王孙贵公子。

乐府的歌吹飘过宫墙，

明光宫远望着长乐的楼台馆阁。

晓磬一声敲，六宫的妃嫔传动蜡烛，

满朝集会起玄冠，彩绶、黼黻、玉珪，

貂蝉和银珰；未央回龙的宫阙响起太鼓金钟；

华毂的云盖车集在宫门，

听玉堂传呼出金马的待诏。

未央前殿下班列着猛将忠臣，在这里盘转机枢便决定了一切人间的命运。

他们东吞了秽貊（hui mo,），

南下过牂柯，北封燕然又禅过姑衍，

他们要囊括四海，席卷八荒，

都因为这是先祖先宗遗留的责任。

中外巨人传

大宛拒绝了汉武帝对于"宝马"的要求，于是导致了战争：

太初元年，这一天远使回了国，
奏书上说"为大宛的刁蛮有辱了君命。
大宛王诈留下锦绣缯帛，强夺了钱宝，
在使者车令的席前椎毁了金驹；
逃过了郁成又遭了劫掠。
他们说北边有强胡挽着雕弓，
南傍天山又缺乏水草，汉军插翅也飞不过流沙，
怕什么汉皇？不献宝马！"
天子沉下了脸，推开玉几，
传侍中立刻命御史按兰台诏拜李广利去西伐大宛。
虎符班发了六千铁骑，
步戎编制起几万壮士；
转天五鼓齐聚在渭水桥边看贰师将军亲受了斧钺。
将军披着锁子铠，头顶上闪亮着金兜，
勒白马高声喊出誓词："为争汉家社稷的光荣。
男儿当万里立功名。
这一程不屠平贵山，无言再归朝见天子。"
鼍鼓一声敲，万人欢呼齐冲上云霄，
旌旗摇乱了阳春的绿野。
将军站在高台上检阅过全师，
渭水边排设下四五里牛羊的飨宴，文武官员们奉上玉爵；
天子叹解开羁绳才知道将军本是条猛虎。

汉 武 帝

不想贰师将军败退到玉门关外，军报传来，天子大怒：

  拍案叫草急诏，李广利不许偷进玉门，
  叫他在塞外屯兵等候！
  明早五更招齐了公卿：
  "朕到如今举兵三十年没受过这等侮辱。
  别叫绿眼红毛的看不起汉天子，
  朕要推倒昆仑碾碎你们的骨肉！"

汉武帝下令增派军队，仍由李广利统领，再次西征。

  这十几万大军陆续开行，循渭水，
  出陇西，走上了万里长征的路。
  曲折逶迤，连绵着百多里的兵马，
  后队的铙（nao，脑）歌还未唱过洮河，
  删丹山已敲遍了前锋的鼍鼓。
  这一路踏着深秋的落叶，衰黄的枯草已抖满了寒山，
  寒山顶上的野松林刮动黑风，塞外早落下无情的冷雨。
  回头看贺兰山上一片片野云飞；
  沧沧的黑水向黄沙滚着呜咽的浪；
  大雪山黑峰狭着白峰，重重叠叠直叠进了云峦；
  从破晓到黄昏山山谷谷听不进的哀猿的长啸。
  有时午夜远远有羌笛，似冤似愁，

吹冷了祁连峰顶上的一轮白月。
才知道一天天远了家乡，一天天远了，
远了家乡的父母和妻子。

远征军在途中遭遇了强烈的沙尘暴。诗人是这样描绘当时的情景的：

这一天正赶着路，忽然领头军一阵金钲，
全军前后扎住了兵马。
抬头看，天空找不到飞的云，
却丢失了太阳，黄沉沉的似雾，似烟，
也分不清是进了什么季候。
飞马传下了令，叫"准备暴风！"
一时全军都慌了手脚。
骑兵卧下马，马外挡住橐驼，
教辎軿车轴交轴团团都围起了桃花锁链。
干沙里掘起了洞埋下行囊，
紧堵住车轮堆起了粮驮茭稿。
只听见不知是天和地的那一面边缘上远远地像沉雷，
闷塞地呻吟，又带着长长的屠杀似的尖号，
扑来了无边无际的一阵凶蛮的喧塞。
一转眼打着旋的风飘卷到眼前，
半空里只像是厚沉沉一片呼啸，
似恶鬼狂魔挥动蛮凶的巨翼，
驱逐着一大群狒狒吼，狼嚎，和野虎的咆哮，

汉 武 帝

  混沌沌的憾着地，摇着薄的天，弥天扫下了坚硬的石雹和杀雨，
  铜盔和铠甲上叮叮敲乱了盖头钉，
  喧扼着咽喉，剥着肌骨。
  大漠的黄沙卷着螺旋飞上了天，
  满天的黄沙又似坍崩了日月星辰狂塌下大地。

这样的气候异变，也造成了部队的减员：
  将军命重点人畜：

  到傍晚军校都相对无声地苍冷了脸，
  默默地把军簿册捧上了幕府营，
  将军在无言的凄怆里滴下了热泪。

次日继续西行时，

  回头看昨日的残营，分不清是牛马是人，
  只乌鸦鸦一大片僵埋的死尸体。

历经苦战，终于得到了"宝马"，李广利的部队东归汉地：

  玉门关都尉检点这凯旋军，怎么？
  怎么只有瘦马七千，和一万来名凹着颊拖着腿的老骑士？
  怎么？宝马？没留神宝马也混进了关，
  怎么没看见玉眼，金蹄，脊脊上汪血？

李广利却也并不是一路踏着血泊西进。他们在姑师国受到了款待，部队得到休整，补充了给养。这可能是汉朝人在西域外交成功的突出一例呢，尽管是在大军压境的情形下得到的亲和接待：

  这一晚姑师在全城都燃起红烛，金灯，
  打初更便喝缺了全国的蓄酒。姑师王说：
  "我们到今天才真见识了大汉的威严，
  难怪朝鲜亡了国，匈奴北退过余吾水！"

酒后，又安排了热烈欢快的舞乐表演。

  国王叫献鼓乐：一堆堆琵琶，弦鼓和小箜篌，
  拥出一队队紧袖长裙的舞伎，
  软软地弯着腰，手里擎着梅花枝，
  在金碧的烛光里舞成了翻花岁月的舞。
  导军王恢低声说："胡姬敢自也有风姿呢。"
  将军叹口气，"骏马和宝刀到底敌不过眉黛红胭脂，来的是美！"

大宛一役，据说大大振奋了汉王朝的军威：

  大宛四载的征伐，消息传遍了葱岭西，
  葱岭东，传遍了羌胡和天山南北。

汉 武 帝

　　流传的故事说大汉的长安城中坐着一位人皇，是上帝的儿子，

　　他三个头，六条膀臂，他会说一种神奇不可解的语言：他说要风，

　　大漠上就卷起了昏黑的风；

　　他说要西征，半天的黄云里就飞落下千百万神兵和雨点儿死的箭；

　　他说要深山，大海里真就飘出了三座神山，飘进黄河，泊在昆明池里。

　　西国的烂兵马哪能够敌得他强？

　　让我们赶紧带了珍宝快到长安

　　去祈求他给我们锦绣，丝绸，和钱币。

汉军征服大宛，声威震动西域。进入各国的汉使，都因此被任命为当地官员。大宛以东各国，纷纷派子弟随汉军来中国朝贡，并留下作为人质。因为东西交往频繁，汉朝在敦煌至盐泽（今罗布泊）之间，设置了许多驿站，供往来的人居息。又在轮台（今新疆轮台东南）、渠犁（今新疆中部库车、焉耆间）驻屯田兵数百人，以解决来往使者的粮食供应问题。为了保护这条通道，武帝命令守卒和当地百姓开始规模巨大的国防工程的建设，这就是把秦代长城由令居（今甘肃永登西北）向西延展，直达今敦煌之西。在敦煌西北筑起了雄伟壮丽的玉门关，作为汉王朝的西大门。武帝曾设想，把长城一直向西延伸到天山，可是工程太艰巨了，没能实现。汉长城是用当地出产的苇秆和泥土相混合建造的，经过盐卤渗透以后，坚硬异常。至今，在西北旷

野上，还可以见到汉长城的遗迹，它充分表现了汉代能工巧匠的聪明才智和高超技能。汉代长城上，五里一燧，十里一墩，三十里一堡，百里一城寨。发现敌情，白天放烟，夜间举火，依敌人多少、远近不同，而规定不同的烟火信号。沿长城还设有驿站，可以及时传达军事情报、命令和公文。由于亭障烽燧万里相望，中国西北出现了一条坚强的防线，有效地保护着从敦煌到楼兰的通道。汉武帝对楼兰、姑师和大宛用兵，动机是错误的，无论给西域人民还是给汉朝人民，都带来巨大的痛苦和牺牲。但是客观效果却出乎封建统治者意图之外。因为，从此中国和西域的商路正式开辟，东西交通更加频繁，各族人民之间的往来更加密切，加速了经济和文化的交流。汉朝在渠犁等地屯田，内地先进的农业技术因而传到西域。中国的铸铁术传到安息，凿井术传入大宛。大宛的酿葡萄酒法也传入中国。西域的物产，如蚕豆、黄瓜、大蒜、胡萝卜、胡桃、葡萄、苜蓿、西瓜、石榴等植物，骆驼、汗血马、驴子等动物，都在此时前后传入中国。中国的邛竹杖、桃、李、黄连、土茯苓等，也广泛传入西域。丝绸传入西域，意义更为重大，西域的通道以丝绸为标志，成为著名的"丝绸之路"（这是后来人叫的，当时并没有这种说法）。丝织品辗转传到罗马帝国，中国因此得到"丝国"之称（英文中所谓 Country of Sores，意为"产丝之国"）。由于中国出使西域各国的使者很多，高度发展的汉代文化，得以逐渐西传。西域和西域以外的各国文化，也逐渐传入中国。如西方乐曲（"摩诃"、"兜勒"等曲调），胡戏、舞蹈、乐器（琵琶、笛、横吹、箜篌）、胡服、胡床（一种可以折叠的小坐床）等等，都传入中国。以后，印度的佛教也由西域传入中国，印度的语言、文

字、艺术（雕塑、建筑）等，也通过西域传入中国，丰富和充实了汉文化。通西域的巨大成果，对世界历史的发展起了极为有益的积极作用，这是武帝没有想到的。

九、开拓疆域

在通往西域的道路上烟尘滚滚、马蹄声不绝的同时，雄才大略的汉武帝也在瞻望汉帝国的东南、南方和西南。他发动对闽越、南越和西南地区的战争，开拓包括祖国的东南、西南地区在内的广大南部疆域，保卫了边境的安全，也奠定了祖国地大物博的基础。

1. 发兵闽越

闽越（今浙江、福建一带）原来是由闽越王驺（zou 邹）无诸和东海王驺摇统治的地区，两人都是越王勾践的后代。秦始皇统一中国后，两人都被废为郡长，他们统治的地区设置为闽中郡（今福建和浙江宁海及其以南）。秦末天下大乱，驺无诸和驺摇都参加了反秦斗争，报灭国之仇。刘邦建立汉朝后，封驺无诸为闽越王，统治闽中郡故地，都城东冶（今福建闽侯）。汉惠帝时，封驺摇为东海王，都城在东瓯（今浙江永嘉），俗称东瓯王。但他们都不受汉朝直接统治，是汉朝的藩属。汉景帝三年（前154）吴楚七国叛乱，东瓯参与其事，后来受汉朝政府拉拢，又杀了吴王刘濞。刘濞的儿子刘子驹逃到闽越，为报父仇，常劝闽越攻击东瓯。

汉　武　帝

武帝建元三年（前138），闽越在刘子驹怂恿下，发兵攻打东瓯。东瓯被围困，粮尽矢绝，连忙派人向汉武帝求援。当时，武帝初即位，才18岁，没有统治经验，对是否出兵没有把握。问太尉田蚡，田蚡说："越人自相攻击，又反复无常，不必烦劳我们出兵。"但是有个刚刚以"贤良对策"选拔上来的会稽人严助，站出来讲话。严助能言善辩，武帝用他在身边做中大夫官，曾多次驳倒众大臣。他说："小国由于危急来求告天子，天子不去援救，他们到哪里去求救？小国有难不救，天子又怎能统治万国呢？"这番话打动了虽然年轻但志向高远的皇帝。武帝说："朕不听太尉的。应当派兵相救！"他派严助带符节征发会稽郡（今江苏长江以南、茅山山脉以东，浙江省大部及福建全省）的军队出征。会稽太守看不起严助，拒绝发兵，严助斩了一个管军队的司马，征集了军队，从海路救援东瓯。消息传来，闽越兵吓得连忙撤退。东瓯王为了避免闽越再来攻击，请求武帝允许他率领全国人民迁居江淮（今安徽庐江一带）之间。武帝同意了东瓯王的请求。

建元六年（前135），闽越王骑郢发兵攻击南越（今广东、广西、越南北部）。南越向汉朝求援，武帝派王恢、韩安国率领军队讨伐闽越。闽越王的弟弟余善和丞相、宗族商议，说："汉兵多而且强，硬打最后只会亡国。我看不如杀大王以谢汉朝。如果成功，举国安全；不成功，再打不迟；如打不赢，就逃到海里去。"丞相和宗族都同意他的意见。经过一番策划，他们砍下骑郢的脑袋，献给汉将王恢。王恢派人把骑郢的头，用快马送到长安。武帝下诏罢兵，封前闽越王的孙子骆丑为越鹞（yao 遥）王，又封余善为东越王，由两人共同统治这个地区。

余善封王后,对汉朝天子不大恭顺。元鼎六年(前111)秋,他发兵抗拒汉朝,派兵封锁要道,封将军为"吞汉将军",又杀掉汉朝三名校尉。汉武帝大怒,派张成、刘齿讨伐余善。从长安到东越,交通险阻,两人都不敢出击,武帝下令以"畏懦"罪诛杀两人。不久,武帝又听说余善擅自刻制了一枚"武帝"的玉玺,这更触犯了他的尊严。于是立刻派韩锐、杨仆等人率领四路人马,于元封元年(前110)冬,由海陆两路攻入闽越。大军压境,闽越政权内部大乱,大臣们谋杀了余善,投降汉朝。

闽越几经反复,最后投降了汉朝。可是,汉武帝还是放心不下。他说"东越一带道路阻狭,闽越人又生性强悍,多次反复。"为了加强对闽越人的控制,他下诏将当地百姓全部迁移到江淮之间居住。因此,长期以来,闽越一带地旷人稀,直到隋、唐以后才重新开发。

2. 南越归服

汉武帝用兵闽越,又想把南越直接收归汉朝统治。他产生这个想法,既有历史原因,也有现实需要。

南越本来是秦朝的南海(今广东)、桂林(今广西)、象(今越南北部)三郡之地。秦二世在位时,龙川(今广东龙川)令真定(今河北正定)人赵佗,继任为南海郡尉。前任郡尉任嚣临死前对他说:"中国正在大乱,豪杰并立。南海地方僻远,负山濒海,东西几千里,可以立国称雄。"秦朝灭亡后,赵佗就兼并桂林郡和象郡,自立为南越武王。汉朝建立后,赵佗又自称南武帝。高祖、文帝时,陆贾两次出使南越。第二次出使南越时,汉文帝写信给赵佗,晓以大义,赵佗大为感动,说:"老夫处南越

汉 武 帝

49年，今天已经抱孙子了，但是，我夙兴夜寐，睡不好，吃不好，就是因为不能臣事汉朝。今天皇帝陛下怜悯我，老夫不敢再用皇帝称号了！"他很快便向汉朝称臣纳贡。建元六年（前135），闽越发兵攻南越，南越王赵胡给汉武帝上书，说："今闽越兴兵侵臣，臣不能发兵抗击，唯天子诏命是从。"武帝觉得南越很像个藩臣的样子，就发兵讨伐闽越。不久，闽越王被余善杀死，闽越对南越的威胁解除了，汉军才罢兵。由于南越和中国的这段历史关系和现实情况，武帝很想把南越直接置于汉朝统治之下。

就在这一年，汉武帝派严助出使南越，向南越王赵胡表示了汉朝的意思。赵胡叫太子婴齐和严助一起回到长安，进宫入侍武帝，以表示自己的忠心。赵佗的五世孙赵兴继后，王太后和年幼的赵兴都愿意直接接受汉朝统治。由于时机成熟，武帝在元鼎四年（前113）派霸陵人安国（姓）少季（名）等人出使南越，想最后解决南越归汉的问题。

想不到意外的事发生了。汉武帝派去的使者安国少季和太后摎氏（摎jiu鸠）年轻时在长安是情人。后来摎氏嫁给南越王婴齐，成为南越的王后。这次安国少季出使南越，和太后重逢，两人又暗通私情。这件事很快传遍全国，弄得太后声名狼藉。丞相吕嘉趁此机会兴风作浪，反对南越入归汉朝。太后迫切希望归顺汉朝，以解除困境，武帝得知情由后，也同意了太后的请求，叫她和赵兴打点行装，准备入朝。

丞相吕嘉竭力反对。他先后做过南越三代国王的丞相，吕氏宗族七十多人都是南越官吏，吕嘉的儿子讨了公主做妻子，女儿嫁给南越王的宗室子弟。这一切，使吕嘉成为权倾朝野的人物。

他曾多次上书国王，反对南越归顺汉朝。汉朝使节多次出使南越，他托病不见。汉朝使节也注意到吕嘉怀有异心。太后和国王很想借汉朝使节安国少季的权力，杀掉吕嘉等人。一次，在事先策划好的宴会上，太后问吕嘉："南越若归属汉朝，对国家有大利，相国总说不好，什么道理？！"太后的意图是激怒安国少季凭持符节杀掉吕嘉。不料，安国少季到这个关键时刻却软弱无能，不敢行动。吕嘉见形势不利，急离宫廷。太后大怒，用长矛冲刺吕嘉，被赵兴阻止。吕嘉逃出，装病不出，南越回归的事被搁置了。

汉武帝得到消息，大骂安国少季无能，又派济北相韩千秋和南越王太后的弟弟摎乐带领两千人讨伐吕嘉。吕嘉听说汉兵到来，干脆造起反来，把太后、赵兴和安国少季都杀掉。韩千秋率领的军队也被吕嘉领兵打败。吕嘉还把汉使持的节杖摔出边境，写了一封大骂汉朝的信。武帝气得暴跳如雷，发誓要攻下南越。

元鼎六年（前111）冬，按照汉武帝的命令，伏波将军路博德和楼船将军杨仆，率领汉朝大军，分几路讨伐吕嘉。汉军跋山涉水，乘风破浪，千里迢迢到达南方卑湿之地，攻破了南越都城番禺（今广州）。吕嘉率几百人逃入大海岛中。路博德从投降的南越人处得知吕嘉隐匿的地方，派兵一举把他活捉了。从赵佗开始，经五世，共93年的南越政权，至此灭亡。武帝把南越地分置为儋耳、珠崖、南海、合浦、苍梧、郁林、交趾、九真、日南等九郡。

3. 虎视西南夷

汉武帝是以"大一统"为己任的,董仲舒阐发的《春秋》"大一统"的思想,已成为他的重要指导思想。他有这样的雄心,要建立一个历史上从未有过的、疆域广大的封建大一统帝国。时代也赋予他创建这个大帝国的条件。当他的眼光注视着祖国东南边疆的同时,也没有落下幅员广大的大西南,想把这个广大地区,收入汉朝的版图。

西南地区是指今天云南、贵州和四川南部一带。这一地区有几十个"君长"(氏族和部落首领)进行统治,汉朝统称为"西南夷"南部的部落以夜郎(今贵州西部及北部,包括云南东北及四川南部部分地区)为最大,西部的部落以滇(今云南东部滇池附近地区)为最大,滇北的部落以邛(qiong,今四川西昌一带)为最大。这一带的人民以濮族为主,主要从事农业生产。再往西为巂(sui,今云南云龙西南)、昆明(今云南大理一带),人民属羌族,以游牧为生。巂东北的部落,有徙(今四川天全一带)、筰(zuo,今四川汉源一带)、冉駹(今四川茂县一带)、白马(今甘肃成县一带)等,主要是羌族,生活依靠或农或牧。西南地区在战国以前和中国内部是隔绝的。战国时,楚庄王派大将庄蹻溯长江而上,由黔中(今湖南西部)到达滇池(今云南昆明)一带。后来因秦兵的阻隔,道路不通,无法和楚国联系,庄蹻就在滇地称了王。从秦末到汉初,这一带与中国内地没有政治上的联系,但当地人民却和巴蜀一带的人民有不少经济上的交往,巴蜀人从这里贩买到筰马、髦(mao 毛)牛乃至奴婢,促进了巴蜀经济的发展。

建元六年（前135），汉武帝即皇帝位不久，派王恢进击闽越。途中，王恢派番阳（今江西波阳）令唐蒙去南越。南越人热情招待汉使，特别准备了汉朝的家乡菜——蜀地出产的枸（ju）酱款待唐蒙。枸酱是用枸木的树叶制成的酱，味道鲜美，巴蜀人很喜欢这种珍味。唐蒙吃到枸酱，问道："此酱从何处来？"答曰："是从西北的牂柯江（zang ke，今北盘江上游）运来的。"唐蒙回到长安，问蜀地的商人，商人回答说："枸酱只有蜀地出产，大多卖到夜郎国。夜郎临近牂柯江，南越的枸酱就是从夜郎运去的。"这件事给了唐蒙很大启发：从蜀地到夜郎和南越有一条便捷的通道，可是汉朝政府还不知道。唐蒙立即给武帝上书，建议说："迅速联系夜郎，利用它的几十万军队，顺牂柯江而下，必可制服南越。"这个建议正中武帝的心意，武帝就拜唐蒙为郎中将，率领汉军千人，辎重、珍宝无数，从巴蜀的筰关（今四川汉源一带）出发，抵达夜郎，见到夜郎的国王多同。夜郎国王由于消息闭塞，还不知道汉朝是怎样一个国家，一直以为夜郎是世界上最大的国家。他在接见唐蒙时问："汉朝和我夜郎，究竟哪个大啊？"唐蒙忍住笑，把大量的珍宝、缯帛赠送给多同，又把汉朝的万里疆域和富饶的物产详详细细讲给多同听，多同这才恍然大悟，拍了一下脑袋说："我一直以为是夜郎国最大呢！"由于唐蒙的外交才能，夜郎情愿臣事汉朝。夜郎附近的小部落，看到汉朝赠送的美丽丝绸，赞赏不已，也纷纷归附汉朝。武帝闻讯大喜，便下令在这一带设置键为郡（今四川简阳和新津以南，大足、合江、贵州绥阳以西，由岷江、大渡河、金沙江下游以东，云南会泽、贵州水城、金沙以北地区，治所在僰（bo）道，今四川宜宾西南）。

汉 武 帝

邛、筰一带的部落首领，听说夜郎已与汉朝通好，而且得到大量赏赐，都想和汉朝交往，请汉朝派官吏来治理。汉武帝问司马相如，有什么意见？司马相如说："邛、筰靠近蜀地，交通也方便，秦代就设置了郡县，汉初断了联系。今日如能重新通好，重设郡县，将大大超过夜郎地区。"武帝觉得司马相如讲得有道理，就任命他为中郎将，带了大量财币出使邛、筰，所到之处，受到当地君长和臣民的热烈欢迎。各部落的首领都自请为汉朝的内臣。他们纷纷拆去关隘，架桥辟路，开辟同汉朝交通道路。司马相如顺利地完成了使命，回报武帝，武帝高兴得不得了。他没有花费大的军事力量，主要靠强盛的国力和发达的经济、文化，便成功地达到了开拓西南边疆的目的。武帝下令在那些地区设置十几个县，归蜀郡（今四川松潘以南，北川、彭县、洪雅以西，峨边、石棉以北，邛崃山、大渡河以东等地，治所在成都，今成都市）管辖。

元鼎六年（前111），汉朝攻破南越后，夜郎首领来到长安，朝见汉武帝，武帝封他为夜郎王，赐予王印。此后，在汉朝的政治、军事压力下，邛、筰、冉駹、白马相继归汉朝统治。汉朝在邛设越巂郡（今云南丽江及绥江两县间金沙江东西的祥云、大姚和四川木里、石棉、甘洛、雷波等地区，治所在邛都，今四川西昌东南），筰为沈黎郡（今四川雅安、汉源一带，治所在筰都，今四川汉源东北），白马设武都郡（今甘肃武都、成县、徽县、西和、两当、康县及陕西凤县、略阳等地，治所在武都，今甘肃成县西），冉駹为汶山郡（今四川黑水县、邛崃山以东，峨山以南，北川、灌县以西地区，治所在汶江，今四川茂汶羌族自治县北），还设置了牂柯郡（今贵州大部、广西西北部和云南东部，治所在故且兰，今贵州凯里西北）。元封二年（前109），武帝又派巴蜀军深入西南，滇国投降。滇王请汉置吏入朝，武帝对滇王的态度感到满意，赐予他滇王王印，仍让他统治当地，在这里设置益州郡（今云南高黎贡山以东，洱海以西，姚安、元谋、东川以南，曲靖、宜良、华宁、蒙自以西等地，治所在滇池，今云南晋宁东）。从此，西南地区的大部分都重归中国版图，西南各族人民与汉族的关系逐渐密切。

4. 用兵朝鲜

汉武帝在开通西南边疆时，又向东邻的朝鲜用兵。朝鲜从周武王时代开始，就同中国有密切关系。殷纣王的叔父箕子，在殷朝灭亡后，带领五千殷民逃到朝鲜北部，建立了政权。战国时期，中国与朝鲜的商业交往很频繁。秦、汉之际，齐、燕两地人民因躲避战乱，移居朝鲜的很多。元封三年（前108），武帝征服卫氏朝鲜后，在朝鲜设置真番郡（今朝鲜黄海北道大部、黄海南道及京能道北部）、临屯郡（今朝鲜咸镜南道大部及北江原道北部）、乐浪郡（今朝鲜平安南道、平安北道及黄海北道各一部分）和玄菟郡（今辽东东部东至朝鲜咸镜北道一带）。武帝对卫氏朝鲜的征服，是扩张汉帝国势力的表现。当地人民对汉帝国的统治，进行了强烈反抗。

汉武帝以汉帝国雄厚的物质经济力量为基础，对边疆地区进行了开拓，对中国历史和经济文化的发展，起了极为重要的推动作用。祖国的辽阔疆域，大体上是在汉武帝时期对西北、东南、南方和西南地区开拓的基础上形成的，从而奠定了祖国地大物博的基础。随着疆域的扩大，汉民族以外的各族人民，加入了祖国

的大家庭，共同创造着祖国的物质和精神财富，推动了祖国历史的发展。汉武帝在这一历史过程中，适应了中华民族发展和融合的历史趋势，在政治、军事和外交上都是最高的指挥者和实际的决策者，起了极为重大的作用，对中国历史的发展作出了巨大的贡献。

十、迷信方士

汉武帝是一个雄才大略的专制帝王,又是一个诞信鬼神、方士的凡夫俗子。这种两重性,既造就了他在中国历史上的伟大功绩,也表现了他的荒唐不稽。武帝非常迷信鬼神、方士,且听我娓娓道来。

汉武帝手中掌握着莫大的权力,可以随心所欲地办他要办的事,惩罚他要惩罚的人。在封建专制的汉帝国内,谁还能比武帝有更大的权威呢?可是,在至高无上的皇帝之上,还有一个更加至高无上的"上帝"——天。掌握着人间大权的皇帝无法掌握自己的生死寿夭。武帝抗拒不了"天命"。那个时代的科学水平和人的认识水平,决定了帝王思想也是迷信思想。祈求长生不老,使帝王对鬼神无比信仰,万般虔诚。武帝希望那些会装神弄鬼的方士,能指引一条长生不老的道路。他的一生都被方士迷惑,直到临死前才有所悔悟。

元光二年(公元前 133 年)冬,当时才 23 岁的汉武帝,来到雍城(今陕西凤翔县南)的五畤(zhi,祭天地和古代帝王的处所)原祭祀上天,碰到一个叫李少君的老头。李少君说自己 70 岁了,能差使鬼神,懂长生不老术,可点化丹砂为黄金,还能浮海见到

蓬莱岛上的仙人安期生。李少君向武帝介绍说，安期生不吃饭，只吃一种大如瓜的枣子。他住在蓬莱岛上，高兴时就见人，不高兴就隐而不见。武帝被这番话迷住了，一心想求见仙人，对李少君也优厚相待。李少君不久年老病死，武帝认为他没有死，而是羽化成仙了。燕、赵等地的方士因此也纷纷拥到长安城，觐见武帝，向他谈天说地，装神弄鬼。武帝很高兴，以为长生有望了。

1. 文成将军出场

元狩四年（前119），齐国人少翁求见汉武帝。他知道武帝很想念死去的李夫人，说自己有办法让天子在帷帐中见到李夫人的玉体。方士有一套幻术，加上武帝思妇心切，在幻术的迷雾和帷帐的双重遮掩下，他好像真的见到了朝思暮想的李夫人。武帝欣喜不已立即拜少翁为文成将军，给了他很多赏赐。少翁又哄骗武帝，叫他在长安西北的甘泉山上建造离宫，宫中画了天、地、太一等神像，时时拜祭。方士的骗术有限，任凭武帝多么虔诚地祭祀，神仙总不来。少翁想出个主意，叫人写了一幅帛书，和着草料让牛吃下，对武帝说："此牛腹中有奇书。"武帝命人杀牛，腹中果有帛书神文。可是，武帝觉得字体很熟，引起了怀疑，问那个常写字的人，果是代写的伪书。武帝大呼上当，一怒之下，砍了文成将军的脑袋。

少翁被杀了头，汉武帝自己想办法求神仙赐予长生不老。他叫人在建章宫造了一座钢制的承露盘，高30丈（约合今70.5米），大七围（一抱为一围），顶上是一个张开的仙人掌，以承收天上的露水。把露水和着玉屑吃下，据说可以长生不老。武帝天天吃玉露，就像吃仙丹。

2. 游水发根登台

大概是有害无益的玉露吃多了，汉武帝第二年便病倒在鼎湖（在今河南阌［wen］乡南35里荆山下）的离宫里。御医们用了许多药，也没能治好他的病。有一个叫游水发根的方士说，陛下是在外碰到了鬼才生病的。被病魔折腾而消瘦的武帝，诏令游水发根在甘泉宫向上天祈祷。游水发根将编造的"神仙的话"转告武帝说："天子莫要担忧自己的病，待病体稍愈，请到甘泉宫去和我（神仙）见面。"武帝听到神仙的安慰，精神兴奋，病情好了大半。他由宦官、宫女扶持着，来到甘泉宫，坐等会见神仙。游水发根早已作了安排；果然让武帝听到了"神仙"讲话，声音和人一样，说话多在晚上。"神仙"来去无踪，只听见风声萧然。武帝一高兴，病体霍然而愈。他又笃信方士了，将"文成将军"让他上的当忘得精光。

3. 栾大亮相

元鼎四年（前113）春，一个更大的方士骗子栾（luan）大混到了汉武帝身边，栾大原是胶东康王刘寄王宫里的药剂师，和少翁是同学。胶东王死后，行为不端的康后怕自己的淫行暴露，把栾大献给武帝讨好。武帝正在为少翁死后无人为他献方药而发愁，康后献出栾大，武帝十分高兴。栾大对武帝说："臣常往来于大海之中，曾见到安期生、羡门等神仙，但神仙认为臣的职位太低微，不予理睬。神仙又说康王只是个诸侯，不肯给不死药。康王也不相信臣。臣的老师告诉臣，黄金可炼成，不死药能得到，仙人也能见得。但臣怕遭到文成将军同样的命运，故不敢讲话。"武

帝笑笑说："文成是吃马肝（有毒）死的。你能搞不死药，朕怎么会不欢喜你！"栾大见武帝上钩，便使了点小魔术，让棋盘上的棋子相互碰击起来。武帝看呆了，更相信栾大了。在很短的时间内，就升了栾大几次官，让他佩带了五个官印：五利将军、天士将军、地士将军、大通将军、天道将军。后又封他为乐通侯，赐给豪华的府第和僮仆千人，还把自己的女儿卫长公主嫁给他。骗子以骗术致富贵，靠的就是武帝的迷信思想。可是，骗术总是不能长久的。第二年，栾大奉命出海求仙。他知道求不到仙，就改上泰山祭天。武帝派人查实，知道又上了大当。他气愤极了，把栾大处以腰斩，让自己的女儿也成了寡妇。

4. 公孙卿骗君王

想长生不死入了迷的汉武帝，并没有从中吸取教训。元鼎四年（前113）六月，有个巫士在战国时代魏国的故地掘到一个铜鼎。这本来是件出土文物，可是武帝以为这是天意，恭敬地把宝鼎迎到甘泉宫，向上天和祖宗祷告。齐国（诸侯国）人公孙卿上书给武帝说："陛下今年得了宝鼎，时辰同黄帝时完全一样。"武帝大喜，召见公孙卿。公孙卿编造了一大篇鬼话，说黄帝采了首山的铜，在荆山下铸成这座铜鼎。后来有一条龙下来迎接黄帝，黄帝和群臣、后宫一起乘龙而去。汉武帝听后羡慕地说："我如能像黄帝一样乘龙而去，那我抛弃妻子就像脱鞋一样容易。"后来，公孙卿又告诉他，缑（gou，今河南偃师东南）氏城上有仙人的足迹。武帝亲自去观察，对公孙卿说："你可不要学少翁、栾大啊！"公孙卿回答得妙："神仙无求于天子，天子有求于神仙。没有充裕的时间，神仙是不会来的。"武帝又相信了。他下令各郡

国修缮各地的宫观、名山、神祠，希望自己的虔诚能感动上天，有朝一日能见到神仙。武帝的随从知道他求仙心切，也百般迎合他的心理。有一次过中岳南山，从官向他报告说：听到山上喊了三声"万岁"。武帝以为这是神的呼唤，非常振奋，封嵩山三百户租赋，用来祭祀山神。

公孙卿和方士都说神仙住在海上，汉武帝就东巡到海上，叫公孙卿先去访问神仙。公孙卿到达东莱（今山东掖县），报告武帝说："臣夜间见到大人，高达数丈；走近，又不见了。"大臣们也附和说："见一老父牵了一条狗，说要见钜公，忽而又不见了。"武帝想，众人所说相似，可见不虚，这大概就是仙人了。他下令留宿在海上，派出方士几千人四出求神仙。公孙卿对他说："仙人喜欢住在楼上。"武帝马上下令在京城造了许多楼台，还造了一座很高的通天茎台，叫公孙卿等人持着节杖恭候仙人降临。汉武帝又下令在京城中开凿太液池，池中建造蓬莱、方丈、瀛洲、壶梁诸岛，象征大海中的神山。

5. 如梦方醒

可是，方士们在楼台上等候神仙，神仙没有来；入海找蓬莱，蓬莱没找到。汉武帝已经一天天老了，越来越怕死，感到心烦意乱。征和四年（前89年）春天，他按捺不住长生不老的迫切愿望，以67岁的高龄亲自登舟浮海，想早点找到神仙，求到不死药。大臣们纷纷进谏："陛下春秋（年龄）已高，不能入海。"可是，武帝急不可待，一定要找到神山、神仙、神药。他不听一切劝告，武帝却以衰老之躯，亲率大批舟师，浩浩荡荡地驰向大海。海风呼啸、阴霾密布大海没有给他平安，每天白浪滔天，彤云

汉 武 帝

密布。特造的大海船象舢板似地在浪峰波谷中升降。从皇帝到船夫都头晕目眩，呕吐不止。脸色苍白的武帝想，心诚必能感动上苍，下令坚持航行。他和大臣、兵士又经受了十几天颠簸之苦，终于受不住了，不得不下令返航。他怀着一颗失望的心，拖着疲惫不堪的身子，登上陆地，辗转回到了长安。

汉武帝在京城舒适的宫殿里休息了两个多月，也苦思了两个多月，终于有所醒悟。他感慨地说："以前我太愚蠢了，为方士们所欺。天下哪有什么神仙？全是妖妄之言！只有节制饮食，饮用药物，才能少生病。"他下令，将说神道鬼的方士全部罢黜，再也不听他们的妄言。汉武帝最后是醒悟了。可是，他浓厚的迷信思想，已酿成了大祸，这就是巫蛊之祸。

十一、酷吏政治

汉武帝时代政风峻急,与他的个人性格相适应,也与当时行政倾向的严厉相符合,一大批酷吏掌握了执政权力。

1. 农民造反

公孙弘为相的元朔年间,军旅数发,年岁欠收,东郡(河南濮阳西南)农民揭竿而起,声势渐大,犹如波涛轰响,震动整个京师。汉武帝豢养的"文学应对"之士中,吾丘寿王是比较突出的一个,曾经追随董仲舒学习《春秋》,才华横溢,装了满肚子的圣人之言,有"天下少双海内寡"之誉。

汉武帝觉得,如此博学通经的大能人,应该一通百通,就叫他去东郡做都尉,而不置太守,故号"四千石",负责镇压敢于起义的农民。

不料吾丘寿王到任以后,职事并废,被起义农民打得落花流水,狼狈不堪,大败亏输,孔圣人的"微言大义"一点儿用场也派不上。气得汉武帝诏赐玺书责问他:你怎么这样窝囊?为什么你的表现与你的名声相差这么远?

东郡农民起义,是汉武帝执政期内最早的一次农民起义。至

汉武帝的晚年，声势十分浩大的农民起义终于爆发了。

天汉二年（前99），其时58岁的汉武帝为李陵及司马迁事件感到愤怒、大发淫威之际，南阳（河南南阳市）、楚（湖北）、燕赵（河北）、泰山（山东诸城县）纷纷爆发起义。起义队伍多者有数千人，小者也有几百人。他们攻城克邑，夺取武器，活捉和杀掉各地的郡守、都尉，全国为之震动。各地农民互相配合，活动在乡间的小股起义队伍此起彼伏。

吾丘寿王打不过衣衫褴褛的农民，是他为天子"牧民"不力；但是，迫使农民造反的罪魁，却不是他。

因为长期对外用兵和维持腐朽奢靡的帝王生活，汉武帝大肆挥霍民脂民膏，远远超过了国力所能承受的限度。封建统治阶级大搞土地兼并，愈演愈烈，没有从根本上得到控制。有增无减的苛捐杂税、杂徭和兵役负担十分沉重，迫使大批农民失去土地，家破人亡。接连不断的水、旱、蝗灾和随之而来的大饥饿，使社会更加动荡不安。人民无法忍受沉重的经济剥削和政治压迫，自然要采取激烈的形式同皇帝对抗。

2. 宁成与周阳由

酷吏政治，也是导致天下农民造反的重要原因。汉武帝外事四夷之功，内盛耳目之好，加强专制主义统治，将他的生命之舟驶向了光怪陆离的风起云涌的政治深处。在这个大千世界里，他在感受那极大的欢乐与自由。驾驭和主宰臣民的专制权力，使他在精神上和现实中都为自己找到了生命之中无比辉煌的归宿。他在权欲之海劈波斩浪，所向披靡；触目所见，但觉每一滴水珠都是琳琅珠玉，就连一丝风雨都是袅袅柔枝，使他目迷五色，应接

不暇，流连忘返。汉武帝的眼前，仿佛永远流动着万紫千红、生机盎然的春天。

秦汉时期所称的壮勇豪放，重义轻死，虽然未必据有地位和财富，然而在民间的影响却十分显著的人为"侠"。在秦汉时期，"侠"曾经奉献过引人注目的表演。他们的社会活动和社会影响，为秦汉文化涂染了绚丽的色彩。

秦汉时期的"侠"，其实是当时社会文化活泼生动的一种人格代表，也是当时时代精神豪迈闳放的一种人格象征。

司马迁在《史记·游侠列传》中，对于"侠"的文化品格和社会影响有所肯定。

其实，"侠"不仅是社会下层的群体代表，也是都市特殊的生活环境中的社会存在。"侠"的活跃，是秦汉时期特殊的社会文化的表现之一。"侠"的出现，以及表现出的非同寻常的社会影响，也是以城市经济和城市文化的空前发达为条件的。

在侠风盛起的西汉时期，社会有所谓"轻侠"之称。《汉书·酷吏传·尹赏》说道："交通轻侠"。汉初功臣集团中也有所谓"轻猾之徒"。西汉时还曾经通行"轻薄"或者"轻薄少年"称谓。以为政"残贼"闻名的尹赏就任长安令后，即曾以严酷手段打击威胁治安的"长安中轻薄少年恶子"。所谓"轻"，形容这些人生活态度的急节浮躁，其含义和西汉时形容民风习用语"剽轻"、"轻悍"、"轻利"、"精而轻"的"轻"十分相近，西汉少年好勇斗狠、激进豪放的性格特点，代表着时代精神的某种倾向。

自西汉时代起，开始有"酷吏"的称谓。所谓"急刻"、"酷急"、"刚暴强人"，是这一类官僚基本的性格特征。他们的行政方式，特别突出效率的提高和手段的严厉。以"暴酷"、"峻文"、

"惨急"为特征的酷吏政治，从一个方面代表了西汉吏治的时代特色。

"轻侠"和"酷吏"是社会矛盾中激烈对立的两种力量，其行为特征却表现出共同的倾向。

秦始皇实行专制主义统治，使群臣噤若寒蝉，除了游览天下的名山大川，求仙访药，他几乎整夜批阅奏章。汉武帝追求的梦境，就其本质来说，与秦始皇基本相同。他要更为尽情地享受帝王生活的快乐：倚翠偎香，绮窗珠帘，轻歌曼舞，何况他君临的是一个比秦王朝疆域更为辽阔的帝国，公开的和潜在的敌人也比秦始皇更多。因此，他极需一批爪牙，镇压人们的不满情绪，镇压人们各种形式的反抗，否则，梦乡再甜美，终有石破天惊的时候。

宁成，是汉武帝最早任用的酷吏之一。此人盛气凌人，傲慢异常。对下属则怒目施威，十分专横，治下的百姓对他更是重足而立，敢怒而不敢言。汉景帝十分欣赏宁成的严酷作风，因当时长安左右宗室多违法乱纪，便起用宁成为中尉，徼循京师。宁成既侮下亦傲上，将宗室豪杰收拾得人人惴恐，手足无措。

像宁成这样的严厉紧苛的人才，汉武帝求之不得，即位之初即召宁成为内史，负责治理京师。然而没有多长时间，外戚们便纷纷要求武帝惩办宁成。当时的吏治尚有修谨之风，武帝的羽翼尚显单薄，只好判宁成"髡钳"之罪，也就是剃了头发，戴上刑具，去做苦力。

当时不愧是人才辈出的时候，宁成弄开了束颈的铁圈，又伪造了一个出关之符，伺机逃回老家。他扬言"做官做不到二千石，做买卖赚不到千千万，活着也没意思！"几年的时间，创下一个良

田千顷、雇农千家、产业数以万计的大家业。在乡里照样吆五喝六,持吏长短。对贫苦农民的压迫,比郡守还要厉害。

当时还有一个做郡守的周阳由和宁成一样孤傲自恃、生杀恣意,在地方上的两千石级别的官吏中最称暴酷骄恣。亲信之人犯法,周阳由必枉法徇私,不予惩处;对所憎恶之人,必加之罪名,欲杀之而后快;地方豪强大族也被他夷灭者很多。性格极其刚烈的汲黯和他同车出行之时,也不敢稳坐正中,而在偏侧相陪。

像宁成、周阳由这样非常狠毒的官员,当时和后来的人都称他们为酷吏。太史公说:"自宁成、周阳由之后,事益多,民巧法,大抵吏之治类多成、由等矣。"酷吏政治开始在社会上逐渐推广开来。

宁成与周阳由两人的所作所为,基本上体现了酷吏的外在特征及政治内涵:他们严峻深刻、爱行苛法、嗜杀成癖,敢于凌辱上司,称得上是维护专制主义统治的爪牙。他们所打击的对象,是贫苦百姓、宗室贵族以及地方上的豪强大族。因他们行动残酷迅捷,手段残忍毒辣,的确比"循吏"更易受到雄杰之主的青睐。

3. 任用酷吏张汤

元光五年(前130)七月,汉武帝在脂香馥郁的后宫正同歌女卫子夫卿卿我我、十分亲热的时候,突然传来陈皇后要蛊杀卫子夫的消息,汉武帝在害怕和痛恨之中,立刻命令御史张汤穷治其狱,深究党羽,捕杀了300余人。

有一个故事,很能说明张汤的为人。他幼时,做长安丞的父亲因有事外出,嘱咐他好好看家。父亲回来,看见家里的肉被老鼠偷跑,十分生气,打了张汤一顿。没等眼泪擦干,张汤挖

汉 武 帝

开鼠洞,捉到老鼠,如同审犯人一样对老鼠审判、动刑。父亲吃惊地看着他,觉得儿子的言谈举止好像一个资深狱吏,就让他学习律令文学。此次治理巫蛊案专杀有功,汉武帝惊喜地发现,张汤正是自己理想中的人才,于是提拔他做了太中大夫。

欲实行严酷的专制统治,法律的建设是一个十分重要方面。汉武帝对专制有倾吐不尽的情愫,他懂得,只要剥夺大部分人的自由和快乐,就能保障自己任意专杀、洒宴歌舞。酷吏和苛法,素来都是专制统治的双子星座。在这方面,他的父亲汉景帝,为他提供了榜样。

汉初约法省刑,是鉴于暴秦之弊。历来被人唾骂的狠毒妇人吕后,倒是按部就班地执行了这个方针,甚至还有所发展,像除三族罪、妖言令等,都是轻刑之举。以仁慈、节俭而著称的汉文帝,虽然重申除孥率律等,但不久就族诛了新垣平。汉景帝不仅冤杀了晁错,而且将其父母妻子皆弃市。相比之下,吕后对她的政敌倒是太仁慈了。

汉文帝大发恻隐之心于一时,宣布除肉刑,将当割鼻的,改为打 300 板;当断左趾的,改为打 500 板子;三五百板打下去,血肉横飞,必然命归黄泉了。更有甚者,当斩右趾之罪者竟改为弃市之刑。难怪班固指责文帝"外有轻刑之名,内实杀人"。汉景帝也曾假惺惺地声言要解除宫刑,后来却又说什么"死罪欲腐者许之",又恢复了宫刑。

不仅如此,汉景帝还大量任用酷吏,像宁成、周阳由、赵禹等人全都曾在景帝治下恣意专杀,而吕后当政时期的酷吏,上了《史记·酷吏列传》的,仅有一个。看起来,对"文景之治"某些方面的认识包括景帝其人,还是需要重新检视一番才好。

前有车，后有辙，汉武帝有这样两个光辉榜样，难道不能照葫芦画瓢吗？汉武帝鉴于张汤自幼学习律令，善于体察圣意，命他同另一酷吏赵禹一起，共定律令，务在深文苛酷。

《晋书·刑法志》言张汤定《越宫律》七篇，赵禹定《朝律》八篇。这些律的内容如今已无证可考。《汉书·刑法志》所言的"见知故纵"等也许是其内容之一。所谓"见知放纵、监临部主之法"，就是官吏见或知人犯法而不举告，与犯法者同等罪行，所监临部主有罪，上级官吏要连坐"缓深故之罪，急纵出之诛"，是向对贫苦百姓故意罗织罪名的官吏实行宽缓之策，对那些轻易释放被认为是没有罪的人的官吏，要处以诛杀之极刑。这不是明摆着宁可错杀一千，不能错放一个吗？从此用法更加苛酷。这样的残酷苛法竟然得到汉武帝的批准！纷纷扰扰的大千世界造就了多么特别的精灵。汉武帝制定或继承下来的酷刑苛法，犹如一条条缓缓蠕动的蛇，被这样的酷吏们套到每一个臣民的脖颈上。而那些像木偶般蹦跳的酷吏，是在汉武帝的操纵下，在历史的舞台上掀起了腥风血雨。

在许多时候，汉武帝连酷吏也不用，他的嘴里满是仁义道德，作出了网罗经学、文学之臣的架势，信誓旦旦地保证要任用他们，让他们大显身手，又不时地和他们一起吟诗作赋，颇多缠绵宛转、曼妙动人之情，亦不乏沉郁苍凉、悲歌慷慨之气。

但是，即便是深受汉武帝所宠爱信任的大臣，小有犯法，或欺罔，辄按诛之，一点也不留情面。汲黯对汉武帝的严刑苛法和翻云覆雨的手腕心怀不满，质问他"陛下访求贤才非常不易，未尽其用，辄已杀之。人才有限，而陛下的恣意诛杀却没有止境，臣担心天下的贤才如此下去将不复存在，陛下还能依赖谁治理天

下呢?"

汲黯是一代名臣,汉武帝不敢轻易动他,又知其是忠心耿耿,笑着对汲黯说:"无论何时都有人才,只怕不能识别人才罢了。如果能识别人才,何患无才可用!有才能而不肯一心报效国家,又与无才有何不同,不杀掉他还有什么用处!"

在以酷吏任法、恣意专杀这方面,汉武帝天马行空,独断专行,对世人评说不屑一顾。汉景帝以轻刑为名,密织法网,骗得2000多年后的人还对他大唱颂歌,是因为他把虎画成了猫;汉武帝尽管也涂脂抹粉,乔装改扮,但是他得意忘形,一时心无旁骛,卖力地推行专制统治,将苛政描画得甚于虎狼。文雅的历史学家们称此为"阳儒德阴法"。

元朔三年(前126),汉武帝拜张汤为廷尉,掌司法平狱,审断郡国议定报请的疑罪。汉武帝正醉心缘饰儒术,一心提倡经学。当时董仲舒已致仕,汉武帝多次派张汤亲至董宅,咨询天下得失。董仲舒以万能的《春秋》为审案之依据,作《春秋决狱》二百三十二事,然后提供给廷尉作决狱的标准。张汤由此受到启发,奏请武帝以博士弟子补廷尉史,附会《尚书》《春秋》经义治狱量刑。

所谓经义,集中体现了统治者的道德观念和统治意志,以此为标准而治狱,就是说可以抛开一切法律束缚,随心所欲地镇压臣民。对汉武帝说来,这真是一个颇有新意的发明,马上将其制度化。文雅的历史学家又称之为"以礼入法"。所以,"阳儒阴法"的汉武帝没有将先秦法家"不别亲疏、不殊贵贱、一断于法"的精神接过来,发扬光大,而是将儒家的"亲亲、尊尊"的血缘宗法观念同法家的以严刑峻法治民的思想结合起来,形成了一个

颇为巨大的社会怪胎。它流溢着的是难言地充满了血腥的滋味，留给人们的是普遍的悲剧感受。

张汤是善于揣测圣意的高手，见武帝意欲宽释某人，张汤就交给平和的监吏审理；武帝意欲重罪某人，就交给苛酷的监吏审理。遇有疑难案件，一定事先向武帝报告，并为之理清头绪原由，等到武帝首肯之后，再书于法令谳法挈令，以之为日后量刑的标准。

在审理淮南、衡山、江都三大谋反案中，又是张汤穷究党羽，任意肆杀。他最痛恨的是地方豪强，必舞文巧诋；对羸弱之民往往呵护有加。拜访诸公卿大僚不避寒暑，对那些故人子弟为吏者及其"穷兄弟"，也给予很多照应。因此，张汤虽然用法深酷，仁义之声却传于朝野，与"阳儒阴法"的精神完全一致。

张汤越来越得武帝赏识，这个人将儒、法这一软一硬的两把刀子挥舞得非常娴熟，忠心耿耿、绞尽脑汁地为君王剪除异己，镇压黎民，在君上的周围架起了一道密不透风的刀山。元狩二年（前121），汉武帝提拔张汤做了御史大夫。其时，北部边塞，长城内外，农业文明的保护者汉军，正同游牧文明的代表匈奴连年大战。在汉军的沉重打击下，游牧文明的前沿开始崩溃，浑邪王率数万兵将投降汉朝。正赶上山东水、旱连年，人民背井离乡，兴兵、安降、赈灾，要粮、要款、要车马，奏章像潮水一样，源源不断地涌到京师。汉武帝急得好像热锅上的蚂蚁，就是想不出到哪儿搜刮这些钱去。

张汤不愧是股肱之臣，给武帝出了一连串的好办法：请造白金及五铢钱，垄断盐铁，出告缗令，钮豪强兼并之家，巧诋助法以行之。

汉武帝在张汤的帮助之下，广开财路，大发利市。但是，这条"黄道"并不是一帆风顺。富商大贾、豪强大族纷纷反对，许多奸吏乘此机会枉法贪赃，侵渔获利。

如上所述，汉武帝授意张汤严厉镇压。大司农颜异对造实际价值和名义价值相差很大的皮币持反对意见，汉武帝非常不高兴。颜异的宾客曾对颜异非议过武帝的这些措施，而颜异身为九卿，见措施中有不当之处，却不入朝当面阐述自己的意见，反而"腹诽"之。张汤察武帝颜色，就以这个罪名论定了颜异的死罪。

在此之后，中国就出现了"腹诽之法"。办案量刑，根本用不着什么证据，只消说你"腹诽"（就是心中的异议）君主就足够横尸东市了。公卿大夫们因此人人自危，于是，献媚之风大起。丞相公孙弘多次称赞张汤，对汉武帝更是俯首帖耳，唯命是从。只有敢作敢为、刚直誉满朝野的汲黯，仍然对朝政横挑鼻子竖挑眼。虽然早被张汤和公孙弘排挤出朝，他还公开宣言：御史大夫张汤，对皇帝极尽溜须拍马之能事。

汉武帝的宏图伟业，就是依靠张汤这样的酷吏才得以开创的；那一大片一大片的耀眼的猩红，是由他撑着酷吏们的腰涂抹上去的，在专制的阳光下，倒也显得非常壮丽。张汤奏事，喋喋不休，汉武帝听得入迷，竟然连饭都忘记吃了。丞相名存实废；汉武帝处理内政外交，只听张汤一个人的。酷吏政治完全形成，君主专制稳若磐石，安如泰山。汉武帝那五花八门的欲望，也接连不断地实现着。他的伟业雄图上，闪闪烁烁的欲望之星更多了。

但转眼发生突变，张汤媚上欺下，得罪公卿大臣者甚众。以朱买臣为首的一些大臣和酷吏减宣等人，向武帝告发他的不法情事。张汤被迫自杀，他的家产总共不到500金。张母用牛车载着

儿子的棺木去安葬，棺无外椁。汉武帝知道了这件事，觉得自己亏待了张汤，就将朱买臣等三丞相长史杀掉。丞相庄青翟也被锁拿入狱，自杀。张汤一死，汉武帝顿觉断一臂膊。在此吏治皆以惨刻相尚的年月，汉武帝就像白昼间的一轮毒日，正以火辣辣的光芒遍照每一个可能反抗他的角落。而酷吏们则仿佛一轮寒冷的冰月，依靠太阳照亮自己，又代替它用冰冷阴森的月光搜寻着无边的暗夜。

4. 任用酷吏杜周

汉武帝遍寻当今酷吏，盘算着由谁来填补张汤死后的空缺。曾经与张汤共定苛法的少府赵禹，过去治狱酷急，现在虽然年纪大些，为吏却务求宽平起来。汉武帝让他做了几年廷尉，终于没有得到武帝的赏识，把他贬到燕国做相去了。其他一些酷吏如王温舒、减宣、尹齐等人嗜血如命，做廷尉尚嫌不太老道。

元封二年（前109），汉武帝任命杜周为廷尉，希望利用他铲除天下的不法臣子。杜周果然不负武帝殷切期望，上台后大兴诏狱，二千石官系狱者，不下百余人。地方上报来的章疏，一年中多达千余件。案子大的牵连几百人，小的也有几十人。到庭审理时，狱吏严令被告服罪如所刻之本章，如果不服，即捶楚交下，迫其服罪。

于是，吏民闻有逮证者全都亡命江湖。酷吏们大兴诬蔑奸告之风，诏狱逮捕者达7万人之众，此外，又以深文苛法罗织罪名，抓捕十万余人。朝中尚且指鹿为马、恣意杀戮，地方上更可想而知了。

汉武帝对宁成的贪酷之才非常欣赏，在他发财之后重新起用

他做关都尉。只一年多的时间，出入关口的吏民皆云"宁叫面对带崽的母老虎，也不愿碰上发怒的宁成。"定襄吏民难以支应军需，纷纷"乱败"，汉武帝立刻起用另一个著名酷吏义纵为定襄太守。义纵深知武帝之意，把定襄狱中的200多名轻罪犯人和私人郡邸狱探监200多人同时捕杀，罪名是为死刑犯解脱桎梏。合郡之人不寒而栗，毛骨悚然。

类似这样的惨案在全国无以计数。法律本身已经非常苛刻了，酷吏们还要法外施刑，任意而为。事实上，专制统治的巩固要依赖于这样的人治。皇帝的意志、诏令就是法律。张汤、杜周等人看武帝的脸色办案，从这个角度看，正是遵法守纪的表现。

君主所制定的任何诏令以及成文法，都只是大小不一的行星，要围绕光芒四射的恒星旋转。所以说，"法治"只治臣民不治君主，是绝对的，即便在先秦法家红极一时的时代也是这样。至于有人说这也是汉武帝喜欢用酷吏苛法为治的基本态势，似乎有些片面；那些"不好用"酷吏苛法的帝王们难道就受治于法了吗？

5. 任用酷吏王温舒

汉武帝用酷吏苛法镇压宗室贵族的违法行为，另外的一个重要打击对象，是全国各地的豪强大族，也包括前面提到过的吏民。

土地兼并，堪称中国封建社会的一个顽症。汉初，土地兼并的现象便已开始，连萧何也强行贱买民间良田。其实这也是酷吏行为。在汉武帝统治初期，董仲舒曾经提出过"限民名田，以瞻不足"的主张。这表明土地兼并之风已非常剧烈了。

官僚豪强大族们随意侵吞土地财富，奴役农民，致使农民纷纷破产，不但直接影响了封建国家徭役的征发和赋税收入，而且

使社会上贫富分化的现象更为突出,社会矛盾更为尖锐。

封建中国社会官本位性质,使得豪强大族同地方官府相互勾结,结党营私,在一定程度上削弱了君主专制的集权。豪强大族很多本身就是官僚,他们厚养宾客侠士,既以文乱法,也以武犯禁,阻遏了中央法令在地方上的贯彻实施。豪强大族正日益成为一支与中央对立的离心离德的力量,这是各地局势动荡不安的一个重要因素。

如前所述,汉武帝曾效仿汉高祖之法,曾先后三次大规模地把关东豪强迁徙于诸陵,以便就近控制。元封五年(前106),汉武帝设置了十三部刺史,给他们规定了"六条问事"的职权,第一条就是严厉惩处那些田宅逾制、以强凌弱、以众暴寡的强宗豪族。而使用酷吏打击不法豪强,则是武帝采取一贯的政策。

河内太守王温舒,初上任就秉承武帝旨意,大捕郡中的豪强大族,相连坐者有一千多家。他上书汉武帝,表示要将那些财产过多的豪强族诛,财产少的要杀其本人,他们的财产要全部没入官府。为了赶在立春之前行刑,王温舒命令郡备私马50匹,在河内至长安之间设立驿站,以求加快传递文书的速度。仅令两天时间,就接到了汉武帝批准行刑的回文。王温舒于是大肆屠戮,血流10余里,同时加紧搜捕漏网的豪强。

转眼到了立春,此时气温渐升,阴气渐降,天地和同,草木萌动,一片盎然生机,照例不得行刑,处决罪犯要挪至麦秋之后,以应天象。王温舒跺着脚,恨恨不已地说道:"倘若冬天再延长一个月,我就能把他们统统杀光了!"汉武帝闻报,非常赏识,提拔他做了中尉,位属九卿。其他著名酷吏如减宣、尹齐、义纵、杨仆等亦都对豪强大族大肆杀伐,汉武帝觉得他们精明强干,不断给他们升官封爵，鼓励他们为君主继续卖命。

豪强大族是汉武帝专制统治社会基础的重要组成部分，汉武帝自然不会把他们完全铲除，他自己不就是豪强大族的政治总代表吗？他杀戮的，只不过是在某种程度上敢于发展一己的势力，对抗朝廷法令的豪强大族。从本质上说来，汉武帝与他们的利益是一致的。

专制皇帝的性格就是独裁，以酷刑滥杀为治。酷吏们对武帝忠心耿耿，但奴才难当。义纵狠毒如虎狼，但廉而不贪。他做右内史的时候，汉武帝从鼎湖回甘泉，见驰道没有修整，不禁大发雷霆："义纵以为我不再走这条路了吗？"所以记恨在心。杨可告缗，义纵认为是乱民之举，逮捕了杨可之使。汉武帝乘机以废格诏书之罪处死了义纵。几年后，王温舒贪污受贿等案发，汉武帝当即问了个族诛之罪，吓得王温舒凄凄惶惶地先行自杀了。减宣在上林苑追捕犯人，派吏卒射杀之，很多箭射中了上林苑门，减宣下狱，以大逆之罪，族诛，减宣自杀。武帝一朝的著名酷吏除个别者如赵禹外，几乎没有终其天年的。

汉武帝边杀酷吏，边用酷吏，各郡国两千石官多数是酷暴狠毒之人，天下吏治非常混乱。为了巩固自己的专制统治，汉武帝可不管什么百姓生死，仍然大搞酷吏政治，鱼肉百姓。在元朔元年（前128），汉武帝还没有到而立之年，就有个燕郡天终（天津蓟县）人徐乐给武帝上书说：危及政权安危存亡的，不在于吴楚七国叛乱那样的"瓦解"，而在于陈胜起义那样的"土崩"。

徐乐认为，大汉也有"土崩"之危险。汉武帝焉能不明白这个道理吗？他搞酷吏政治，主要的目的，就是要防范和镇压人民对专制统治的反抗。所以，他制定了非常繁苛的律令，防范很严，

法网很密。那些豪强大族乃至二千五百石官吏们都无法忍受酷吏的横行，老百姓还能安居乐业地做顺民呢？星星之火，终于在天汉二年（前99）形成燎原之势。这是各种社会矛盾互相交织、复杂化尖锐化产生的必然结果。

汉武帝见天下大乱，一时没了主意，急忙派丞相长史和御史中丞到地方督察镇压农民起义，却无济于事。起义队伍摧枯拉朽，更加如火如荼反而更加壮大。

汉武帝使出残酷的杀手锏，一面派光禄大夫范昆以及张德，连同绣衣直指使者暴胜之、王贺等酷吏领兵到各地捕杀起义农民，一面制定所谓"沉命法"，对敢藏匿起义农民者一律诛杀；对没有发觉起义或虽然发觉而未能悉数捕杀之的两千石以下的官吏，也一律尽杀之。关东贫瘠荒凉的土地，仿佛是一片松弛无力的肌肤，在血泊中瑟瑟地颤抖着，逐渐板结，日复一日干瘪下去。

酷吏和刽子手们攥着天子授予的屠刀，忽东忽西，大肆杀戮，就像一团魔风邪火。起义农民惨遭屠戮，但他们理想的梦却永远不会熄灭，沸腾的岩浆在他们的心中波澜起伏。

血雨腥风之中，各郡国的统治秩序又得到了恢复和安定。汉武帝却越来越急躁了。自己已到晚年，逐渐衰老，体弱多病。养了那么多的奇异方术之士，赏给他们那么多金银财宝，几十年的时间了，还是求不到一个神仙，摘不来一株长生药草。若不加紧寻仙访药，自己的时间已经不多了。汉武帝决定亲自出马。

太始三年（前94）初，63岁的天子急不可耐地赶到东海郡（山东郯城县北），意外地捕获到一只红色的大雁，认为此乃大吉之兆，兴高采烈地地写了一首《朱雁之歌》，他认为这是寻仙访药能够心想事成的征兆，但船行大海上，举目眺望只见波涛汹涌，

一片茫茫。汉武帝双手抓紧船舷，他竭力极目远眺已看花了那双昏黄的眼睛，口中纵使千呼万唤，心中愁肠百结，仍然丝毫不见仙人的影踪。

十二、巫蛊遭祸

由于迷信加专制而造成的"巫蛊（gu）之祸"是汉武帝晚年生活中的一场悲剧。它给自己、给别人、更给国家带来了巨大的损害，所谓"巫蛊"是一种用迷信行为诅咒人的方法。这种方法是用桐木制成木偶人，埋在地下。据说，只要借对木人的咒骂来诅咒谁，谁就会得病死亡。这种迷信活动，在汉代社会上流传很广，武帝对此也深信不疑。

1. "卫太子"出现

汉昭帝始元五年（前82），京师长安的大街上突然出现了一辆黄牛车上面正襟危坐着一位40多岁的男子，只见他穿一件黄色的直裾禅衣，戴着黄帽，乘着黄牛车大摇大摆招摇过市，辗转来到未央宫的北阙之下。北阙是未央宫的北门楼，大臣们奏事、谒见皆诣北阙，它却是未央宫的正门。往日出入北阙的，不是皇亲国戚，就是达官显贵，普通老百姓怎敢靠近。今天，这个如黄风一般乘车而来的中年人究竟是何来路的呢？

只听中年人大大方方地自称是"卫太子"。年方十三岁的汉昭帝听说自己的大哥来了，慌慌张张下令让京中的公卿将军们一起

到北阙辨认真伪。仿佛晴天里的一声霹雳，震得全城官吏和百姓兴奋异常：死人复活，真是亘古未闻。

人们不顾什么禁令，如同潮水般涌向北阙，水泄不通地将"卫太子"围了起来，围观的人们足有好几万人。右将军害怕闹出乱子，急忙带兵至阙下，加强警备，以防出现意外。

文武众官望望"卫太子"，大惊失色，场面一下子僵了。这时，京兆尹隽不疑赶来，挤进人丛，叱令从吏将"卫太子"绑了。隽不疑非常不满意同僚们的态度，对他们说"诸君何患于卫太子！卫太子得罪先帝（汉武帝）"，逃跑而不死，如今自投罗网，他是罪人。可见隽不疑认为这个"卫太子"是真的，并认定了他是罪犯。后经廷尉验证，真相大白。"卫太子"叫成方遂，以卜筮为业，听别人说自己的相貌与卫太子十分相像，便冒名顶替，到京城求取富贵，不想身陷囹圄，最终被腰斩东市。

真正的卫太子是什么人呢？他怎样得罪了汉武帝？为什么逃离京城呢？这话说起来可就长了。

所谓驰道，是专供天子巡游海内时行驶的御道，因此，驰道除了蜿蜒伸展之处，都是天子履经之地，不容侵犯，即使王侯将相达官贵人皇亲国戚，甚至皇太子，如果没有皇帝诏令批准，也不得行于驰道中，甚至不得跨越驰道而过。被天子批准行于驰道者，在当时是一种极为崇高的荣誉。汉武帝的乳母就曾获得这个殊荣。

汉武帝的姑母兼丈母娘窦太主（馆陶长公主）有一次与随从出行，忽然，车队被皇帝陛下的直指绣衣使者拦截下来，绣衣使者大胆地指问窦太主为什么逾矩而行驰道。窦太主答曰奉皇太后诏令行事。绣衣使者才同意窦太主可以继续行走驰道，然其随从

车骑却尽被斥令回宫。

绣衣使者的职责为督捕三辅地区的盗贼，稽查宗室臣民有无违反朝廷法令制度；官职虽然不太大，却有着一定的权力，照例由皇帝的亲信担任。

2. 绣衣使者江充

有一次，绣衣使者跟随汉武帝去甘泉宫，路遇皇太子家奴乘车在驰道上急奔。绣衣使者岂肯放过，当即毫不犹豫地连人带车全部扣下，扭交有关部门处理。皇太子闻讯，畏于朝廷法度，派人去向绣衣使者谢罪，望他高抬贵手，不要再追究。铁面无私的绣衣使者不仅当即拒绝了皇太子的请求，还将此事向汉武帝作了详细汇报。忠心耿耿地维护皇帝权威的大臣，皇帝自然十分喜欢。武帝感叹地说："为人臣的，就应当像你这样啊。"

此绣衣使者名叫江充，赵国邯郸（河北郎嘟市西南）人，原名齐。江齐的妹妹长相极美，擅长鼓琴歌舞，嫁给了赵王刘彭祖的太子刘丹。江齐因为这层关系，也深得赵王信任，成了王宫里的座上之客。

位高权贵者都有一个通病，即荒淫无度、暴虐无道，江齐在这个圈子里面，有什么能瞒过他的？赵太子刘丹看见江齐在王宫出进频繁，怀疑他会将自己见不得人的隐私向赵王告发，派人去抓江齐，没有抓到，便将他的父亲、兄长绑走砍头。江齐于慌忙中西逃函谷，改名江充，到长安向朝廷告发了刘丹做下的一大堆丑事、恶事。

汉武帝平生最忌讳诸侯不法，藐视朝廷法度和天子神圣、不可侵犯的权威，阅完江充的上书以后怒不可遏，下诏包围赵王王

宫，逮捕了赵太子刘丹。赵王刘彭祖上书为儿子诉，说江充不过是无耻小臣，利用万乘之君报一己私仇，请求武帝允许他在赵国招募勇士，随汉军北征匈奴，以赎刘丹之罪。汉武帝每时每刻都在防范诸侯王在军事上发展势力，当然不会批准刘彭祖的请求。

后来刘丹免死，但被废去太子之位。后刘彭祖入朝，请平阳长公主和隆虑公主（武帝嫡妹）向武帝说情，希望恢复刘丹赵太子之位，武帝未予允许。宁可信其有，不可信其无，这是汉武帝一生恪守的原则之一。

汉武帝在犬台宫召见江充。江充为了这次召见煞费苦心：他身穿轻柔的襌衣，曲裾后垂交输，头上的俪步摇冠、款款行姿像一盘肉皮冻，抖抖颤颤的。这副奇怪的打扮，配上江充魁梧的身材，容貌显得十分威武，还有一丝神仙气概。汉武帝见惯了大臣们整齐而刻板的朝服，一见到江充这身装扮，感到十分新奇，对左右人说："燕赵国多奇士。"对江充先就喜欢了三分，不久即拜为绣衣使者。

汉武帝与其他皇帝一样，忌讳自己神圣的权威被别人削弱。他需要正式的国家机构维护九五之尊的利益，还需要一批忠心耿耿的奴才，尽心竭力地为他卖命。江充正是这样的人，他非常清楚，要取得武帝的信任，他必须全力以赴为其效命才成，除此之外他没有别的资本。

在邯郸，江充可以依着妹妹的裙带关系为自己架设登云之梯。而在京师，他唯一可以借助的梯子就是他对皇帝的一片忠心。他不是将军，没有行兵布阵之才；他亦不是政治家，能够以缜密的分析和出众的谋略辅佐天子治理国家重要事务。他只能在被人们忽视了的，甚至也被法令法规忽视了的，但对维护天子尊严十分

重要的地方出手，闯出一条路来。

当时汉武帝正派遣大量军队北征匈奴，草原、戈壁、沙漠等地作战需要大量的车辆和马匹。京师那些奢侈无度的贵戚近臣们大多僭越礼制，多备车马，江充上书武帝弹劾他们，经武帝批准，将其车马均没收入官府，令他们加入北军准备出击匈奴。这令贵戚子弟们十分惊慌，纷纷见汉武帝，连连叩头，请求哀怜，愿意出钱赎罪。

军兴之际，正是用钱之时，汉武帝龙颜大悦，命他们将钱缴送北军，得钱数千万。汉武帝感激江充，认为他是个十分难得的人才，对他也更加信任。弹劾太子一事发生后，江充由此名震京师，贵戚近臣都对他怀有几分忌惮。汉武帝提升江充做了水衡都尉。

中国的皇帝，即位后有两件急着要办的大事：一件是为自己营建陵寝，安排下在阴间的好去处。汉武帝的陵寝，在他上台的第二年就动工营建了。还有一件，如果皇帝还没有儿子，就得赶紧生儿子，生得越快、越多越好，否则，自己手里这如花的世界和天一般大的权力由谁来继承呢？那些宗室甚至外姓大臣们为争夺嗣君之位，还不闹翻了天？这大好的江山还能由着自己的性儿坐下去吗？

武帝很早结婚，在他尚未即位，就娶了陈阿娇做媳妇，即位后又顺理成章地立她做了皇后。可是陈阿娇不生育，能歌善舞的卫子夫取代了阿娇的地位，在朝中由此形成了卫氏外戚集团。

元朔元年（前128），汉武帝29岁，卫子夫为其生了长子，即史称"卫太子"的刘据。

元狩元年（前122），6岁的刘据被武帝立为皇太子。汉武帝

非常重视对太子的培养,让他学习当时《公羊春秋》和《谷梁春秋》,接受名文经学的熏陶。皇太子16岁那一年,武帝做主,给他娶了媳妇,史称史良娣。为让皇太子增长社会阅历和治国统民之术,汉武帝为他建了一座博望苑,要他多结交宾客,接触天下智能之士。

汉武帝外出巡视天下之时,经常将朝中事托付给皇太子刘据,将宫中事交付给皇后卫子夫。他们处理的国事、家事,武帝回来后也常常不加检查,真是子孝父明、妻慧夫贤的美满家庭。可是慢慢地,汉武帝同皇太子却疏远起来。皇太子的性格仁淑温谨、宽厚和平,同武帝的用法深刻、好大喜功截然不同。皇太子审理案件多所平反,深受老百姓的拥护。他常向汉武帝劝谏,不要频繁征伐四夷,武帝笑而答曰:"辛苦的事我来干,将来送给你一个太太平平的天下,有何不好呢?",如此一来,汉武帝的心里结了个大疙瘩,觉得皇太子的本事太少,和自己不一样。这期间,他宠幸的王夫人、李姬和李夫人又给他生了刘闳、刘旦、刘青、刘髆四个儿子,武帝因此对皇后和太子越来越冷淡了。皇后、皇太子觉着宫里的气氛挺不妙,经常担忧自己的命运。

汉武帝是何等精明,皇后母子的神态早被他看在眼里。他不喜欢皇太子,可并未盘算着要废掉他。这母子二人在宫里老是这样疑心生暗鬼的可不成,闹出事来无法收拾。武帝就把皇太子的舅舅、大将军卫青找来,对他说:"汉家的内政尚在草创阶段,而外有四夷,经常侵袭中原。如果制度不改变,后世即无法可循;朕不出师征伐,天下就会动荡不安。为此,朕只得征发民力、财力而用之。如果后世天子还像朕这般作为,那就是蹈暴秦的覆辙了。太子为人敦重好静,一定能够安定天下,朕对此非常放心。

欲求守文安邦之主，哪儿还有比太子更贤德的呐！朕听说皇后和太子有些不安心，真是这样吗？你把我的这个意思转告他们吧。"卫皇后听了卫青的转达，即向汉武帝请罪。汉武帝这样做，是要安定卫氏集团成员的心。但是，汉武帝同皇太子的关系仍和先前一样，卫皇后也依然独守空房，想和皇帝见面很难。朝内大臣中的忠厚长者十分喜欢皇太子，那些用法深刻的酷吏们却经常向武帝说他的坏话。

皇太子之所以得立，是他的背后有两股支持的力量。一股汉武帝的力量，这股力量如今有些无法捉摸；另一股力量来自卫氏外戚集团。虽然卫青一贯循规蹈矩，"奉法遵职"，但大将军、骠骑将军的崇高地位不由让人有几分畏惧。

当时除汲黯外，有哪个大臣见了卫青不拜上几拜呢？可是，卫氏集团的两根台柱子——卫青和霍去病年寿不永，英年早逝，霍去病去世时仅仅24岁。卫氏集团自此一蹶不振。

太初二年（前103），皇太子的姨夫公孙贺拜相，为卫氏集团带来新的生气，但要想恢复昔日气势已经不可能了。

有的学者断言后来公孙贺被族诛，是一场政治清洗的开始，为了打击卫氏外戚集团，也是为废长立幼扫清道路的信号。这无疑是把简单的问题复杂化。而一切科学的任务都当是把复杂的问题简单化。汉武帝长期以来处心积虑地压抑外戚，削夺相权，丞相的权力被剥剥得几乎只剩一副空架子，搞得丞相接连死于非命，吓得公孙贺向汉武帝叩头不止，不敢接受任命，明显是强大的皇权已经压扁了外戚势力。公孙贺后来被族诛，纯粹是他咎由自取。汉武帝要想剪除他，用不着劳神费心搞什么政治清洗，公孙贺的头没有那么难剃。

汉 武 帝

卫氏集团的势力衰弱到这样的地步，皇太子就像波涛汹涌的大海里的一叶扁舟，摇摇晃晃，颠颠簸簸，随便哪一滴水都可能撞击脆弱的船体。

一次，皇太子去谒见皇后，好半天才出来。黄门苏文向武帝诬陷皇太子和宫女胡闹。汉武帝不动声色，只是给皇太子拨了200名宫女去。这一招非常厉害，既是嘲讽，也是警告，皇太子想接受和不想接受都不合适。弄明白是苏文搞的鬼，皇太子在心里对他恨之入骨。

从此以后，苏文经常欺负皇太子，常与小黄门常融、王弼等人在暗地里找皇太子的茬儿，向天子进谗。卫皇后被他们气得咬牙切齿，要皇太子把问题和武帝说清楚，请求杀掉苏文。皇太子倒是挺相信他的父亲，说："树正不怕影子斜，苏文等人没什么可怕的！皇上洞察秋毫，不信邪佞，用不着担忧！"

汉武帝有一次病倒在床，想看看儿子，命常融把太子找来。常融对他说："皇太子一副挺高兴的模样。"武帝听了长长叹了一口气。皇太子来到后，武帝打量儿子的脸，发现脸上有泪痕，却又掩饰着同自己谈笑。武帝于是追问儿子，知道了儿子对自己怀着纯真的父子之情，就将常融处死。

黄门是负责宫门守卫的宦官，地位十分卑微，连他们都可以将皇太子欺负到赴诉无门的地步，皇太子的日子真是不好过呀。

卫皇后从此对宦官们加倍小心，沉默寡言，不敢越雷池一步。虽然已经失宠，然妇德不亏，未失母仪天下风范，故此汉武帝对她还比较尊敬。如果生活就这样延续下去，最终还是要在武帝和皇太子刘据之间进行权力的交接。然而，从太始三年（前94）起，凶险开始朝着皇太子扑来，最终导致一幕历史悲剧的发生。

汉武帝已经年过花甲满头银发，人老了，格外喜欢儿童，喜欢和天真烂漫的孩子一起嬉戏玩耍，给自己干涸的心田带来几分慰藉，几分快乐，自己也仿佛年轻了几岁。汉武帝虽然贵为天子，富有四海，但他和常人一样，极具亲情。他十分喜欢那些活泼的小生命，把他们当玩意儿一样哄着玩儿。侍中驸马都尉金日磾的儿子非常顽皮可爱，抱着汉武帝的脖子嬉戏。武帝十分高兴，金日磾惶恐，在一旁怒目视儿，孩子吓得哭着跑掉了。汉武帝非常不满意，责备金日磾对孩子过于严厉。

对大臣的孩子尚且如此，对自己的小儿子就更喜欢了。

太始三年（前94），63岁的汉武帝兴致很高地跑到沿海的东海、琅琊郡巡视。回到长安不久，备受他宠爱的钩弋夫人赵婕妤为他生了小儿子刘弗陵。

据说钩弋夫人孕十四个月才分娩，汉武帝以为神异，说："听说尧的母亲也是孕十四个月才生下尧，如今钩弋也和尧母一样。"就将钩弋宫门改名为"尧母门"。

古今论者全都认为汉武帝从此就产生了要废长立幼的念头，导致了悲剧的发生。

司马光就认为汉武帝太不慎重，将自己的心里的废立大事轻易地泄露出去，致使奸人从"尧母门"中嗅出味道，加以利用，酿成巫蛊大祸。事实是不是如此呢？答案是否定的。汉武帝自己"多欲"，好大喜功，他始终认为未来的君主应是继体守文之君。武帝公开宣称"太子为人敦重好静，一定能够安定天下"，这并非简单的安抚之语，而是真实心态的表露，虽然他不喜欢好静儒雅的性格。这是因为实际上远在"轮台悔过"以前，武帝就已经开始认识到，自己的"多欲"虽属不得已而为之，却使社会动荡，

后世的君主再不偃武修文,依然"多欲"下去,就会像秦朝那样很快被百姓推翻。

在刘弗陵虚岁已满3岁,公孙贺案还没有发作的时候,他还在明确表示"多欲的人不宜做国家君主统治百姓。"汉武帝喜爱刘弗陵是实,可是他怎会在其初生之时就认定他在长大后于很多方面都更像自己呢?如果他这样认定的话,根据他一贯主张,虽然他喜欢小儿子,也不会立其为储君的。而且,即使汉武帝横下心要废长立幼,以他那样绝顶的聪明,以及丰富的统治经验,怎么可能如此粗心地泄露心机,于麒麟皮下露出马脚呢?

汉武帝即皇帝位时只有15岁,在很长时间内,吃够了长辈和权臣压抑自己的苦头,又岂能让一个各方面都非常稚嫩的孩子做他的继承人,使汉家政权的正统性受到外姓人的威胁呢?如果说他从未有过这样的考虑,那么,当他在后来不得已而立幼子时,为何要把钩弋夫人杀掉不可呢?所以,尽管武帝对皇太子的支持不强大、不热情,却十分坚定,何况他已知道皇太子是个孝顺儿子呢!

江充也是生刘弗陵的那一年当上了绣衣使者、水衡都尉,并扣了皇太子家奴,同卫氏发生矛盾的。汉武帝被这个奸人所利用的,不是什么"爱少子,欲以为嗣之心",而是痛恨和惧怕巫蛊之心;也正是江充的活动,最终使皇太子刘据身败名裂。这以后的一年里,64岁的汉武帝在春天兴高采烈地跑到东方修封泰山;夏季又到东莱祠祭仙人,还好像见到了仙人的形象;在大雪纷飞的腊月,武帝又顶着严寒北上朔方巡视边庭。看上去,不但身子骨挺结实,精气神也很健旺。

征和元年(前92),汉武帝觉得一切都和以往不一样了。十一

月，他住在富丽堂皇的建章宫。一天，他亲眼看见一个大汉带着利剑闯进中龙华门，急命卫士去收捕，可是那大汉扔下剑就跑出去，没了影儿。汉武帝不禁大怒，宰了看守宫门的兵士。他琢磨着，这个大汉是朝自己来的，不拿住这个家伙，自己寝食难安。于是，武帝诏令三辅骑士们在上林苑数百里方圆内像篦头发似地"篦"了好几遍，又令紧闭京师各门，严加搜捕，闹得鸡犬不宁，行动进行了十一天，连那大汉的影子也没找见。

3. 公孙贺案

一波未平，一波又起。丞相公孙贺的儿子太仆公孙敬声又因罪入狱，这个年关是甭想太平了。果然，审了将近一个月的时间，到了第二年即征和二年（前91年）的春正月，连公孙贺也被关进大狱。

事情是这样的，公孙贺的儿子公孙敬声，在朝中官居太仆，父子并居公卿之位。公孙敬声倚恃卫子夫皇后是自己的姨母，横行不法，竟贪污了北军军费1900万钱，被汉武帝拿入狱中。当时京师有个大侠客，名叫朱安世，专好杀富济贫，与武帝作对。汉武帝对他恨之入骨，四下里派出人去捉拿他。朱安世诡计多端，狡猾无比，就是捉不住朱安世（西汉对社会上的游侠势力是打击的，捉拿朱安世就是打击游侠势力的表现）。公孙贺见儿子犯法入狱，急忙给天子上书，请求天子允许自己捉拿京师大侠，以赎儿子之罪。汉武帝同意了他的请求。公孙贺以高明的手段，短期内就捉到了朱安世，献给天子。朱安世被捕后，哈哈大笑说："这下子丞相一家要灭族了！"因为他绝非泛泛之辈，知道必死无疑，临死也要拉上一个垫背的，遂于狱中上书，告发公孙敬声与天子

的女儿阳石公主私通，还在通往甘泉的驰道上埋下了木头人，使用非常恶毒的语言诅咒天子不得好死。朱安世既然专事杀富济贫，对当朝官僚的见不得人的勾当自然掌握了很多。汉武帝命令有司案验公孙贺，究治所犯，审问得实，公孙贺父子同时死在狱中，同时一家人也被斩尽杀绝，又杀了许多后宫宫女，还牵连了许多大臣，前后死了几百人。汉武帝还处死了自己的女儿阳石公主和诸邑公主，长安东市上又一次血流成河。

  从事情的发生过程来看，并不是像有些人所说，汉武帝是利用此次事件对卫氏集团进行严厉制裁，搞"政治清洗"。如果是这样的话，汉武帝就不会允许公孙贺逮捕朱安世为儿子赎罪了，衰败不堪的卫氏家族对天子根本不能构成威胁，甚至卫青活着的时候也从未有过非分之想。公孙贺被族诛，不是因为儿子贪污军费，也不是因为儿子同公主私通，而是因为他们竟敢巫蛊神圣的天子。

  神学与迷信，在汉代可谓蔚为流行。占卜、打卦、相面、招鬼祠巫等玩意儿，被那些乡下人和珠光宝气的命妇们共同尊奉着。其中刻木为偶咒人以死的巫蛊最为人们惧恨。

  人们大多认为巫蛊可以杀人，同社会伦理背道而驰，是一切灾难产生的根源。惟其因为如此，才被人们广泛使用着。极端迷信偏执的汉武帝，对此当然深信不疑。小时候的汉武帝，就同巫蛊这玩意儿发生了联系。正是因为栗姬被馆陶长公主告发她"狭邪媚道"、"祝唾"其他贵妇，才使栗姬失宠，并成为汉武帝平步青云的转折点。那次事件成为汉武帝在祝诅蛊人方面的启蒙教育，所以他对操此术者恨之入骨，一旦发现，必定严厉惩办，决不稍加宽贷。

  当年陈阿娇与卫子夫展开争宠大战，曾使女巫楚服等人祠祭

祝诅，蛊毒国色天香的情敌。汉武帝发觉后怒不可遏，究治其狱。幸亏西汉没有砍皇后脑袋的制度，如若不然，别说什么"金房子"，连冷冷清清的长门宫，陈阿娇也甭想指望。汉律，为巫蛊者要受族诛。这个规定，就出自汉武帝之手。

太原人赵破奴，多年来一直效命疆场，屡建奇勋。他曾被匈奴俘虏，在漠北若飘十年，最终逃归天子。不知为何，搅进公孙贺一案，他亦干起了巫蛊祝诅的"营生"。汉武帝早将赵将军的功勋和对自己的忠心赤胆抛之九霄云外，族诛了赵破奴。

将军公孙敖，多年来也为武帝在塞外拼杀，虽然没有赵破奴那样建有显赫之功，到底还有一些鞍马征伐的苦劳和对天子的赤胆忠贞。不知谁惹怒了公孙敖夫人，她便大行巫蛊，作为报复；被人告发。可怜公孙敖因攻击匈奴不力，汉军伤亡过多，正受牢狱之苦，并不知情。汉武帝不管这些，复开杀戒，长安东市上刽子手的呼喝声席卷全城。由此可见，清洗为巫蛊者（而不是外戚）是汉武帝坚定不移的一贯政策，难道不是这样吗？

汉武帝认为，巫蛊祝诅是在暗中神不知鬼不觉地致人死命的邪术，令人防不胜防。对那些不知隐藏在哪个角落的木偶诅咒，汉武帝生平第一次发现自己和无知的小民一样软弱无力。巫蛊风行海内，应当责备谁呢？汉武帝祀神求仙，招揽方士，大搞迷信活动，应负主要责任。

在汉武帝的影响下，方士、巫婆、神汉相继前往京师，利用歪门邪道迷惑善良的百姓。汉武帝纳宠藏娇，美人们掀起醋海大波，各请女巫入宫，每间屋内都弄上一两个木头人，诅杀情敌，闹得皇宫里一片乌烟瘴气。

4. 巫蛊之祸

汉武帝刚处理完公孙贺父子，未曾想自己的后宫竟是巫蛊祝诅的大本营！一怒之下，汉武帝又杀了几百人。这样，汉武帝的心就再也放不下来了。他看看左右侍从，人人都像在背后巫蛊祝诅自己，真有草木皆兵之感。一次午睡，汉武帝梦见几千个木头人同时手持木杖蜂拥而上，欲打自己，一下子被吓醒了。此后他惊吓成疾，记忆力大不如前。

水衡都尉江充看准这是个好机会。他因为扣住太子家奴而得罪了皇太子和卫氏外戚，担心武帝死后太子会杀他，想乘机先发制人，除掉太子。于是，江充对武帝说：您的病根是巫蛊祝诅，应制裁胆大妄为的为巫蛊者。此话深得武帝赞许，就命江充做自己的使者，穷治巫蛊狱。

征和二年（前91）七月，江充在汉武帝的全力支持下，大兴巫蛊大狱。

江充先带着胡巫在长安域内到处掘地，寻找木头人，抓了一大批为巫蛊的罪犯和嫌疑犯，烧铁钳灼，强迫他们承认犯了罪。后来又波及到三辅并席卷全国，前后杀了好几万人。

与此同时，江充唆使一个胡巫对武帝说："宫中到处都有巫蛊的邪气，不除掉，陛下是得不到安宁的。"

病中的汉武帝深信不疑，叫江充带了太子的黄门官（宦官）苏文等人，到皇宫中严查巫蛊。江充如犬一般，这儿嗅嗅，那儿闻闻，搜查得特别仔细。不要说那些失去宠爱已多日的夫人们的住所了，就连武帝的御座也被推开，掘地求蛊；皇后寝宫更是掘得满地都是深坑，连放床的地方都没有。最后终于在皇太子宫中

掘出了巫蛊用的桐木人，上面还写着大逆不道之辞的帛书。其实这是江充预先派人偷偷埋下的。京师里闹得满城风雨，汉武帝正在甘泉宫避暑养病，皇后和皇太子曾多次派人去请安，但想见武帝很困难。皇太子惊惶失措，他明白，无论什么人，一旦和巫蛊牵连上，决不会得到宽恕，何况在自己宫中还掘出了木偶。少傅石德也认为江充没有自知之明，建议他逮捕江充，查明真相，并提醒他勿忘扶苏被废的教训。

　　皇太子起初不肯，想亲往甘泉谢罪，说出事情的真相，但江充紧咬着他不放，只好先发制人。太子与皇后经过商量，逮捕了江充。又遣人发中厩车马以载射士，将武帝兵器全部拿出，发长乐宫卫卒，向百官宣布江充背叛天子。皇太子亲自临斩江充，愤怒地骂道："你这个赵国小人！前次你蛊乱赵国王父子，犹嫌不足，如今又来离间我们父子！"江充罪有应得处死，为虎作伥的胡巫也被炙死。这一天是七月壬午日。宦官苏文逃至甘泉宫，向汉武帝报告了皇太子捉拿江充的情形。汉武帝说："掘出了桐木人，太子必然恐惧，又痛恨江充，故有此变。"于是派使者去长安召皇太子。那个使者不敢去见皇太子，出宫徘徊了许久，回来向武帝谎报说"太子已经造反了，要斩使臣，臣是逃回来的。"武帝闻言非常震怒，急忙调兵遣将，急令新上任不久的丞相刘屈氂："捕获或斩杀反者，自有赏赐。平叛时用牛车围成军阵，不要短兵相接，杀伤愈多愈好。下令关闭所有城门，不许一个反者逃去！"此时，皇太子刘据也想百官宣告说："皇帝在甘泉宫病困，怕其中有什么变化，有奸臣作乱！"武帝闻讯，更加怒火中烧，抱病离开甘泉宫，住进城西建章宫，下令征发附近军队和二千石以下官吏，全部出来打仗，归刘屈氂指挥。皇太子刘据感到危急，也赦免城

中囚犯，由师傅石德等人率领，又派人持赤红的汉节召长水及宣曲明骑前来助战。汉军则急告胡人曰汉节有诈，并下令在节上加黄旄以示区别。繁华帝王都转眼之间变成血肉横飞的战场，困兽犹斗的刘据强迫长安城的老百姓同汉军厮杀，双方杀得昏天黑地，血流成河日月无光。

五天以后，长安城内留下了数以万计残缺不全的尸体，路边的排水沟变成了排血沟。街头、巷尾、屋宇、树木，到处一片猩红，百姓遭受了巨大的灾难。城里老百姓无辜而受屠戮，到处传言"太子造反"，不愿为他当炮灰，汉军却越来越多，杀向城中的各个角落。庚寅日，皇太子兵败，率残部慌不择路向南逃去。守城的司直田仁动了恻隐之心，放走了皇太子。丞相刘屈氂要杀田仁，御史大夫暴胜之则认为田仁是二千石官，要杀也须经过皇帝批准。刘屈氂报告了汉武帝，武帝龙颜震怒，派人责问暴胜之说："田仁放纵谋反者，丞相当斩之，此正合汉法，您为什么要擅自阻拦？"原为绣衣使者的暴胜之，穿一身漂亮的绣衣，持一把雪亮的大斧，追捕镇压各地起义的老百姓，"威震州郡"，武功高强，如今在武帝的责问下却吓得不得了，惶惶恐恐地自杀了。

皇太子逃走，汉武帝异常震怒。田仁和按兵不动的任安被腰斩，皇太子的宾客们全被砍头，随皇太子造反的一律被族诛，被胁迫谋反者皆流放到荒无人烟的敦煌郡。汉武帝此时也没有忘记卫皇后，命令宗正刘长乐、执金吾刘敢到宫中收缴了皇后的玺绶。做了38年皇后的卫子夫，已年近花甲满头银发，人老珠黄，失去了昔日艳丽照人的风采，眼角眉梢已经留下了岁月刻就的年轮，好色的汉武帝早已经对她不感兴趣了。长期以来，她在宫中默默与孤灯相伴，打发那熬煎人心的光阴。如今，自己也和当年的陈

阿娇一样被废。陈阿娇被废尚能退居长门宫，她还有一个有钱有势的母亲可以相依为命，自己呢？母亲早亡，父亲呢？更不知是何许人也。两个大女儿，诸邑公主和阳石公主皆因公孙贺父子巫蛊案被处死。如今，唯一的儿子被人陷害，起兵失败，不知所终，想来可能也是凶多吉少；亲骨肉就只剩下一个小女儿，自己苟且偷生还有什么意思！卫子夫念及至此，绝望地自杀了。卫氏一门就这样灰飞烟灭了。曾几何时，封侯裂土，车水马龙，钟鸣鼎食，如今落了个白茫茫大地真干净。

汉武帝令苏文带人用一口又小又薄的棺材盛殓了卫子夫，草草地埋葬在长安城南的桐柏。同时，皇太子慌不择路，向东逃至湖县的泉鸠里（河南堰师故县境内），一个卖草鞋的收留了他。太子在县城有一个朋友，派人去找他，故被人发觉，吏卒围捕之，皇太子见逃走无望，遂入室自缢。吏卒张富昌一脚踹开房门，新安令史李寿急步上前解救太子。卖草鞋的和皇太子的两个小儿子都被杀死。史良娣、皇太子长子刘进、皇孙妃王夫人、皇太子女儿（号皇女孙）都先后在长安遇害。皇太子的孙子刘病已刚出生几个月，也被收系在狱中。这场规模空前、异常惨烈的巫蛊之祸，自京师波及三辅，再蔓延全国，前后算起来，诛杀了大约万人之多！人民并不知道汉武帝父子为什么要自残骨肉，也不想知道，人民却成为这场动乱的最大受害者。

皇太子也好，皇帝也好，他们的表现都没有正义可言。比较起来，对此事件应负主要责任的是汉武帝。正是他的愈演愈烈的祀神求仙的活动，推动了迷信活动的泛滥，理性泯灭，践踏了人的尊严，歪曲了人的美好情感，导致了巫蛊祝诅像水银泻地一般无隙不入，危害了整个社会。这一切罪恶的根源就是封建专制制

度。这个制度被汉武帝身不由己地极力巩固和强化，越是这样，他对臣民行使永久统治的欲望就愈加强烈，对朝野上下的风吹草动越加敏感。尽管有所谓绝伦之力和高世之智，汉武帝也必须使用江充这样的鹰犬，为他防范可能出现的威胁，处罚那些自觉或不自觉地藐视和危害了君权的臣民。可以这样说，巫蛊之祸乃是专制之树结下的一颗苦涩的浆果。时光又匆匆过去了17年，皇太子的孙子即皇帝位，即汉宣帝。即位初始，汉宣帝就下诏改葬自己的祖父母和父母，谥祖父刘据为"庚"，所以"卫太子"又被称作"庚太子"。

十三、下诏自谴

　　太子刘据死后的第二年，即征和三年（前90），出击匈奴的李广利作战失利，投降了匈奴。这件事再次给了武帝很大的刺激。

　　李广利是武帝的爱姬李夫人的弟弟，他的女儿又是丞相刘屈氂的妻子。出于自身利益的考虑，李广利和刘屈氂曾经想拥立李夫人的儿子、昌邑王刘髆（bo）做太子（李夫人已病死）。早在审理巫蛊之狱时，有人告发说，刘屈氂由于多次受到武帝的申斥，他的妻子对武帝心生怨恨，也用巫蛊的方法诅咒皇帝。神经过敏到极点的武帝，立即派人查实，抓到一点证据，马上以"大逆不道"的罪名，将刘屈氂腰斩于长安东市，把他的妻子在华阳街枭首示众。与此同时，又把李广利的妻儿逮捕审查。当时正在北方和匈奴大战的李广利，听到这个不幸的消息，心都寒了。他想，自己兵败失利，长安家中又出事，回去不死也要入狱。他一横心，便投降了匈奴。武帝闻讯，气得下令把李广利一家灭族，但他自己所受的刺激也太深了。

　　汉武帝在他50多年统治期间，有些事是不得不做的，如抗击匈奴的战争，那是以人民的血汗和无数财富为代价换取的，汉军损失兵力20多万，战马数十万匹。他发动的十余次对外战争（以

抗击匈奴的战争为主），共征发兵力200万人，其中有的如对大宛的战争，主要是为了满足个人的愿望。这些战争的耗费极为惊人。仅元朔五年、六年（前124、前123）因战胜匈奴而颁发的两次酬赏，就用去20余万斤金。巨大的开支，导致财力耗竭，国库空虚。为了取得大量钱财，武帝加强对农民的剥削，30亩田按100亩田征收租税；人口税从每人20钱，增为23钱，原来从七岁起计算的，改为从三岁起计算，逼得贫民生下儿子就杀死。过重的剥削和长期的战争，使人口剧减。史书记载说，武帝打了30多年仗，国土增至万里，天下的人口减少了一半。

1. "盛世"危机

汉武帝为了炫耀威势，到处巡行、封禅，极尽挥霍之能事。如元封元年（前110），他亲率十八万骑兵，旌旗千里，封泰山，东巡海上，再至碣石山。所过之处，大肆赏赐，用帛百余万匹，钱几万万。虽说这些活动对加强中央集权和"威震匈奴"有很大作用，但巨大的人力和财力耗费，也极其沉重地加重了全国农民的负担。

汉武帝作为汉帝国的最高统治者，生活上极尽穷奢极欲之能事。以宫室而言，他对汉初建造的壮丽的长乐宫、未央宫，犹感不足，而动用大量的人力、物力，扩建上林苑，开凿昆明池，建造首山宫、明光宫、建章宫等崇宫伟宇。太初元年（前104）建造的建章宫，号称"千门万户"，规模之大，装饰之奢华，大大超过了未央宫。它的正门高达25丈（合今58.75米）。玉堂殿有12门。高达70余米的仙人承露台，就矗立在建章宫的神明台上。宫内的奇华殿，专门陈列外国贡献的奇珍异物。宫内凿有著名的

太液池，池中有蓬莱、方丈、瀛洲等神山。这样华丽的宫苑，不仅建章宫有，长安城内外和远郊的离宫内都有。在这些离宫别馆中，有"自然美丽，不假粉白黛黑"的宫人、美女七八千人。武帝每次出巡，和他同辇（nian，皇帝坐的车）的美女就有16人。穷奢极欲的生活，自然要损害武帝的身体；极度的享受，又使武帝"贪恋世味"。他想兼顾身体和享受，因此追求长生不老之术，结果大量钱财被方士骗去。

帝王在享受，人民的灾难却接踵而至。元鼎二年（前115）三月，关东（函谷关以东）大雨雪；夏天，又发大水。当地百姓有几千人饿死。元鼎三年（前114）四月，许多地方发生大雹灾，关东十几个郡又发生大灾荒，田间颗粒无收，发生了人吃人的现象。武帝下诏令，叫饥民到江淮一带自己谋生，又调集有限的巴蜀粟米救济灾民。元封四年（前107）夏天，又发生大旱灾，土地龟裂，河水枯竭，百姓大批渴死。元封六年（前105）秋，又是一场大旱灾，再加上蔽天盖地的蝗虫飞来，将庄稼吃得精光。而这年春天，正是武帝下诏兴建首山宫的时候。

战争、灾荒，加上汉武帝在政治上过分的粉饰和炫耀，使一度出现的"盛世"发生了危机，阶级矛盾激化了。一个重要标志，是农民被迫离开土地，沦为流民。元封四年（前107），关东出现200万流民，其中没有户籍可查的农民达40万。武帝在丞相石奋的奏疏上批复说："百姓穷苦，固然由于河水泛滥，还因为官吏对百姓的征求没有底。他们只有远离本乡本土，才能免于官吏征求；谁留在旧居，就被（官吏）烦扰得无法生活。百姓居于闾里，深知官吏奸邪。官吏们不干正事，害得百姓愁苦不已，造成盗贼公然抢劫……"说明他十分清楚造成流民的原因。太初、天汉年

间，即公元前 98 年前后，社会矛盾尖锐到一触即发的程度。当时，由于李广利远征大宛和匈奴，征用全国大量的人力、物力，使已经负担很重的农民，更加疲惫不堪，只得被迫起来反抗。

天汉二年（前 99），泰山、琅玡一带（今山东中部和南部）徐勃率众起义。他们占山结寨，攻城邑，抢武器，释囚犯，活捉郡守、都尉，甚至杀掠二千石一级大官。其他地区的农民起义，有南阳的梅免、百政，楚的段中、杜少，燕、赵的坚卢、范主等人，大的有几千人，小的也有几百人。汉武帝先派小股部队镇压，无济于事；再发大军追剿，屠杀了几万人。但是无可奈何的是，农民起义的烈火愈烧愈旺。此时，汉武帝被农民起义深深地震动，开始认识到农民的力量。农民起义的惩罚，用兵西域的挫折，巫蛊之祸的打击，使他感到必须改弦更张了。

2. "罢轮台屯田诏"

征和四年（前 89）三月，汉武帝带领臣下出巡到钜定（今山东广饶县北），在事先准备的小块田地上亲耕，以示重视农本。他对大臣们说："朕自即位以来，做了许多狂悖荒唐的事，使天下百姓愁苦不已。"他表示追悔，并宣布"从今以后，国家大事凡有伤害百姓、浪费天下钱财的，统统罢免！"

正在这时，汉武帝接到搜粟都尉桑弘羊等人的奏疏，说："轮台以东一带有肥美水草地，如引水灌溉，可溉田五千顷以上。这里可通沟渠，种五谷，还可与邻近国家贸易通商。臣等以为，如在此地置屯田卒，设校尉，募集身强力壮的百姓屯田，只需一年，就会有积谷。这对国防和西域交通也很有利。"

桑弘羊等人的建议，有合理的成分。可是汉武帝知道，如批

准这个建议，就要烦劳百姓，违背自己最近的旨意。于是，他下诏书追悔既往的过错，婉转地批评了轮台屯田的建议，同时提出了其他一些富民、养民的措施。这就是有名的"罢轮台屯田诏"。诏书大意说：前曾有人建议，增加百姓的人头税，每人增加30钱，以帮助解决入不敷出的军费开支；而今，尔等又建议在轮台遣卒屯田。轮台地处西陲，西距车师千余里，在这里屯田要花多少人力、物力、财力！朕用兵车师，派去几万大军，粮饷不足，把牛、马、羊都吃光了，体弱的人死了几千。这一切，都是朕的过错。朕信奉占卜，占卜的结果都说匈奴必破，朕即派贰师将军率大军进击匈奴。实际情况同占卜的结果恰恰相反，贰师将军大败，兵士不是死就是被俘虏、逃散。朕每想到此，就感到难过。尔等今又建议在轮台屯田，想在深险之处开通道路，此为扰劳天下，而非优惠百姓。朕不忍心再听到这样的建议了。当前要务，在于禁止对百姓的苛暴行为，不准擅自重赋民众，而应致力于农事，官吏要鼓励百姓多养马匹，免除徭赋，这才是正事。

汉武帝的这封诏书，并没有空洞地追悔自己以往穷兵黩武的过错，而是通过婉转批评桑弘羊等人轮台屯田的建议，表明不愿再对外用兵，下决心以休养生息、致力农事为己任。这说明，武帝晚年已决心改弦更张了。事实也是这样。不久，他就封丞相田千秋为富民侯，以表明他推行富民、养民政策的决心。以后，他又下诏说："方今之务，在于力农"，任命赵过为搜粟都尉。在这些有力措施的保证下，疲惫不堪的农民，又得以在土地上辛勤耕作。流离失所的农民开始回归故里，抛荒的土地重新得到垦殖。官吏的剥削相对减轻，农民的生产积极性得到发挥，农产品开始小有蓄积。以后，昭帝、宣帝年间的"中兴"和"小康"局

面，就是在武帝"富民政策"的基础上形成的。武帝晚年的追悔之心，和他推行的"富民政策"，对于当时和以后所起的积极作用，是不容忽视的。作为一个封建帝王，能在晚年改正自己的错误，确实是很不容易的。可以说，促使武帝改正错误的真正力量，是广大农民的反抗斗争。

3. 归来望思托后事

　　汉武帝自从受到巫蛊之祸的打击后，精神日益不济，身体越来越差。在汉武帝苍老、病态的面容上，又增添了许多皱纹，头上的白发也增多了。每想到刘据的惨死，武帝就长吁短叹，甚至老泪纵横。当他冷静下来的时候，事情的真相终于查实：所谓巫蛊云云，都不是诅咒皇帝的。太子只是由于痛恨江充而惶恐举兵，并无谋反之意。守卫汉高祖陵墓的一位郎官田千秋，勇敢地上书为太子申冤，说他夜里做梦，梦见高祖皇帝在为太子叫冤。壶关乡官三老茂也上书武帝，恳切批评皇帝不应该那么对待太子。武帝痛定思痛，终于悔悟。他明白自己上了江充等贼子的当，干了一件大错事、大蠢事。但是，卫皇后、太子、皇孙都已经死了。他只能把江充一家人灭族，把宦官苏文烧死，算是为太子报仇。但是武帝深知，自己是造成这次大祸的罪魁！他无以自慰，于是便在宫中建造了一座思子宫，又在太子殉难地，建造了一座"归来望思之台"，以寄托自己的哀思和悔恨。

　　这时的武帝已经是一个年近七旬的老人了，对自己的后事不能不有所考虑。他并不是担心身后的安息之地，因为茂陵早已建成，他想到的是后嗣问题。太子刘据自杀了，他只能从众多的皇子中再选立太子。他想到了钩弋（yi）夫人为他生的皇子刘弗陵，

弗陵这时已经五六岁了。此时的汉武帝担心弗陵的母亲钩弋夫人还年轻，怕自己一旦归天，大权要落到太后手里。汉初吕后专政的教训，他没有忘记。为了解除后顾之忧，武帝决心除掉钩弋夫人。他找到钩弋夫人的一个小差错，发怒说："把她送到掖廷（ye，后宫嫔妃居住之地）大狱中去！"钩弋夫人是武帝巡行河间（今河北献县东南）时发现的美女，姓赵。当初，武帝见到她时，她双手握成拳状不能伸开。武帝握住她的双手，她的手掌就伸开了，武帝以为这是天意，就把她选进宫中为妃，号称"拳夫人"。想不到拳夫人为武帝生了皇子，而武帝现在竟不顾情义，钩弋夫人真是痛彻心扉。她泪汪汪地望着武帝，希望他发善心。然而武帝发怒说："快走，你不能活了！"钩弋夫人就这样被赐死。武帝也感到自己这样做太残忍，有一次他问左右侍臣："外人对此讲些什么？"左右答："外人说，既立其子，何去其母？"武帝沉吟了一会说："是的，这不是尔等愚蠢之辈所能懂得的。往古国家之所以乱，往往由于皇帝年幼，母后健壮。女主一旦专权，淫乱自恣，很难禁止。你们没有听见吕后的事吗？故朕不得不除掉她！"

后元二年（前87），汉武帝巡行到盩厔（zhou zhi，今陕西周至县）五柞（zha）宫，一病不起，他自知在世不久了。二月乙丑这一天，他把霍光（霍去病之弟）等人找来，对霍光说："立少子（刘弗陵）为帝，君行周公之事。"武帝拜霍光为大司马大将军，叫他效法周代周公辅助成王的故事，帮助小皇帝刘弗陵（此时八岁）统治汉朝。又拜金日磾（mi di）为车骑将军，拜太仆上官桀为左将军，拜搜粟都尉桑弘羊为御史大夫，叫他们共辅少主。四人都含泪跪在武帝床前，拜受遗诏。二月丁卯，这位雄才大略

的皇帝，经过同死神的一阵搏斗，终于丧失了最后的一点元气，崩于五柞宫，时年69（虚岁70）。不久，武帝的灵榇（chen，）移殡于未央宫前殿。他死后18天，即三月甲申这一天，葬于长安西北80里（汉代里制）的茂陵。